DELIUS KLASING

Dra. 702   16/12 1999

Wolfgang Blanke

Aussteigen

oder

Von der Philosophie des Fahrtensegelns

Delius Klasing Verlag

Die Deutsche Bibliothek – CIP-Einheitsaufnahme

Blanke, Wolfgang:
Aussteigen oder von der Philosophie des Fahrtensegelns/
Wolfgang Blanke. – 2. Aufl. – Bielefeld: Delius Klasing, 1998
ISBN 3-7688-1023-2

2. Auflage
ISBN 3-7688-1023-2

© Copyright by Delius, Klasing & Co.,
Siekerwall 21, 33602 Bielefeld

Zeichnungen (Wachsemulsion und Graphit auf Papier):
Wolfgang Blanke
Schutzumschlaggestaltung: Ekkehard Schonart
Satz: Fotosatz Habeck, Hiddenhausen
Druck: Clausen & Bosse, Leck
Printed in Germany 1998

Inhalt

Vorwort

Erst zwei Jahre nach der Rückkehr und wieder vom Alltag zugedeckt, habe ich damit begonnen, Erlebnisse und Gedanken auf meinen Reisen mit der Segelyacht SAKURA (»Kirschblüte« auf japanisch) aufzuschreiben. Ich brauchte erst eine gewisse Zeit des Wiedereinstiegs in das »normale« gesellschaftliche Leben – vor allem aber auch den Abstand, um die Bedeutung des Fahrtensegelns als Lebensform beurteilen zu können.

Jetzt bin ich überzeugt, mit diesem Buch einen sinnvollen Beitrag zur Reflexion über das »Aussteigen« im allgemeinen und das Phänomen des Fahrtensegelns im besonderen zu leisten.

Die geschilderten Menschen, Orte und Ereignisse entsprechen der Realität. Die Namen der Personen sind nicht geändert worden. Wesentliche Quelle ist das gewissenhaft geführte Logbuch mit tagebuchartigen Aufzeichnungen, Skizzen und einer umfangreichen Fotodokumentation. Erst diese Realitätsnähe stellt meine gedanklichen Folgerungen und Visionen auf eine nachvollziehbare Grundlage, die durchaus auch zu gegenteiligen Einschätzungen führen kann. Ich will also niemanden »bekehren«, sondern bloß eine Diskussionsgrundlage anbieten: auch denen, die in dieser Welt nicht aus- oder umsteigen wollen und dafür gute Gründe haben.

Über Grund

Zakynthos

Apathie hat die lähmende Müdigkeit abgelöst, ebenfalls die ständige Angst und die Wut in mir, so blöd zu sein, jetzt hier zu enden, wo andere gerade gemütlich zu Hause im Familienkreis frühstücken. Kraftlos auf dem Sofa der Kajüte liegend, denke ich die Möglichkeiten des Aussteigens durch, um wenigstens das Leben zu retten, wenn denn die Anker nicht halten sollten, die sich in diesen beiden Tagen tief in den Hafenschlamm eingegraben haben. Zwei Tage lang spielten sich in meiner Nachbarschaft Tragödien ab: Yachten zerschmettert am Beton der Pier, für einige von uns das Ende des Urlaubs, für andere das Ende eines Traums, eines Lebensweges.

Von einem Hafen erwarte ich Sicherheit und Geborgenheit – hier aber ist er eine Falle. Es gibt kein Entrinnen, nur die Hoffnung, daß die beiden Anker, die Leinen, Schäkel, Ketten und Klampen halten, bis der Wind endlich nachläßt. Wieder erfaßt eine Hammerbö SAKURA, legt sie weit auf die Seite, die Leinen dehnen sich, der nasse, triefende, gurgelnde Beton der Pier kommt näher. Ich spüre das Beben der gewaltigen Brecher an der Hafeneinfahrt, das durch den Hafenboden und durch das Wasser bis zu mir vordringt. Ich denke an Fotos von zerstörten Hafenanlagen und an weit fortgetragene Betonblöcke, an Beton, der zu Kiesel wurde und zu Sand. Jetzt ist es längst zu spät, auf das rettende weite Meer zu fliehen.

Wir hatten alle die Sturmwarnungen im Radio gehört und im Sprechfunk das »Sécurité – Sécurité – Sécurité«. Wir sind in den Hafen geflohen, um wie so oft in einer Taverne bei Wein, Schafskäse und Oliven den Sturm abzuwarten, zu klönen, Tips und Erfahrungen auszutauschen, Abenteuer zu erzählen. Ja, Abenteuer wurden ausgeschmückt, und wir fanden gierige Zuhörer, denn wir waren es selbst, die sich und ihr Leben ausbreiteten, Stück für Stück, lauter Perlen. Wir Fahrtensegler, die »Penner der Meere«, die Vagabunden und Lebenskünstler, die Aussteiger oder Einsteiger, die Erleuchteten und Eingeweihten, wir verstehen uns und wir sind eins. Eins mit unseren Booten, dem Meer, den Völkern, der ganzen Welt.

Aber hier im Hafen von Zante stimmt was nicht. Vorgestern haben wir noch einen zweiten und dritten Anker mit dem Beiboot gegen den Wind mühsam in die Hafenmitte gepullt, haben uns gegenseitig geholfen, haben Angst gehabt, daß das leichte Dingi von einer Bö umgeworfen wird, haben Spaß gehabt, auf der Pier gestanden, bis dann die ersten Boote knirschend am Beton schabten, sind mit Fendern hin und her gelaufen wie Ameisen mit ihren Eiern, Maschinen wurden angelassen, um dem gewaltigen Winddruck zu widerstehen, die Ankerleinen zu entlasten. Als es dann Abend wurde – oder waren es die schwarzen Wolken, die sich über den Bergrücken wälzten –, als ein Diesel aussetzte und ein Kunststoffrumpf wieder und wieder mit diesem grauenhaften Geräusch auf den Beton krachte und dann barst, als die Männerstimmen so hell und grell wurden, die Gesichter so bleich, die Augen so dunkel und groß, da hatte sie jeden gepackt: die Angst und die Gewißheit, nicht mehr helfen zu können. Jeder kämpfte für sich, zog sich ein gutes Stück weiter weg von der mörderischen Pier, wenn er konnte, und blieb an Bord. Jetzt sind es zwei Tage. Das Glück hängt wieder mal an einem Faden.

Angst

Das Meer

Habt ihr schon mal das Lied der Wale gehört? Mit Worten ist es schwer zu beschreiben. Es läßt Schmerz in mir keimen und die Erinnerung an eine verlorene Welt, denn aus dem Wasser kommt alles Leben. Dieser Schmerz ist Sehnsucht, doch ohne Ziel, es ist der Weg durch die Weite, durch das All, die Unendlichkeit.

Ich sehe einen Bach im Frühling, wie er sich windet und eilt, zum Meer. Der Regen hat ihn gespeist, und junges Grün nährt sich an seinen Ufern. Überall strömt es zum Meer, in diesen großen tiefen Schoß und von dort wieder zurück über das Land. Das Land blüht in vielen Farben und Formen, Städte wachsen und verdrängen, Straßennetze spannen sich, und Mauern, Zäune teilen in geometrische Muster. Überall drängt sich und greift der Mensch. Er ist voller Ideen, mächtig, prächtig und durchtrieben. Schau nur von oben auf die letzten zweitausend Jahre. Das Meer aber ist leer und rein. Ich sehne mich nach dem Meer, stehe am Strand oder auf hoher Klippe und wage mich schließlich hinaus. Jetzt spüre ich einen Hauch unter den Sternen in schwarzer Nacht, bin allein mit dir, mein Boot, mein Partner, ich gebe dir den Kurs, du legst dich an den Wind und schneidest durch schwarze Fluten, silberne Perlen. Zwischen tausend Metern Tiefe und unendlichen Räumen darüber eine Haut; dort koche ich einen Tee, um wach zu bleiben. Vielleicht morgen am Horizont, hinter dem Ozean: ein grauer Streifen, buntes Leben.

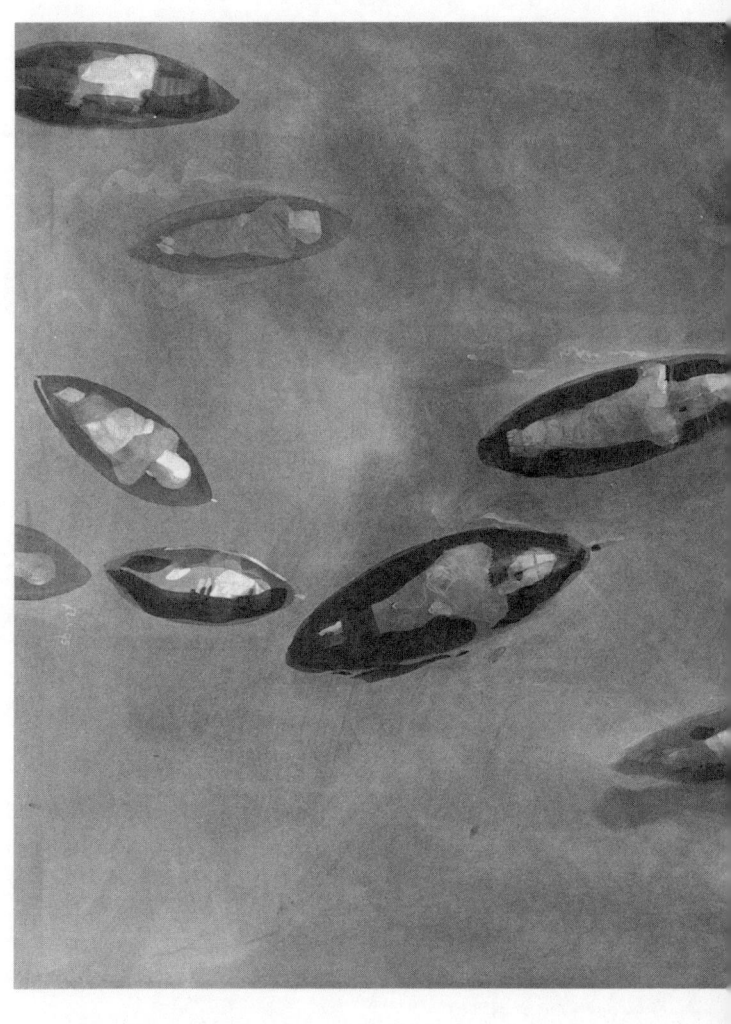

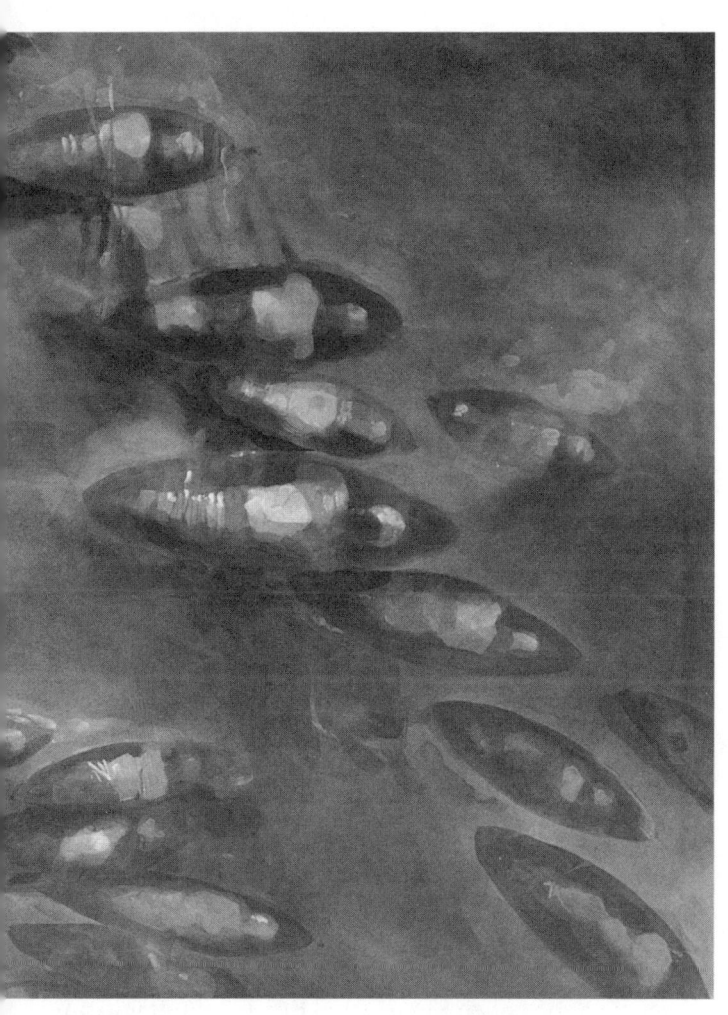

Ankommen

Hier ist die Seekarte, sie ist weiß mit vielen kleinen Zahlen – Tiefenangaben in Metern oder Faden. Mehr am Rand findest du die gezackte, geschwungene oder zerklüftete Küstenlinie, sie bedeutet Felsen, Strand, verschwiegene Buchten. Du sitzt da in deinem Uterus, dieser zweiten Haut, in deiner Wohnung, wie der Einsiedlerkrebs, getrennt nur durch eine Schicht Holz, Stahl oder Kunstharz von dunklen Tiefen, unzugänglichen kalten Sphären, leer und blau und schwarz. Oder lauert gerade neben dir ein Hai? Jedenfalls sitzt du da an diesem Navigationstisch beim schwachen Schein deiner Lampe, um Strom zu sparen, oder bei einer Kerze, da die Batterie gerade noch reicht zum Motorstart, oder vielleicht hast du auch gar keinen Strom an Bord und schaust auf diese Karte. Du siehst diese Küstenlinie, und es entstehen Bilder von türkisblauen, geschützten Buchten, glasklar und nicht zu tief das Wasser, guter Ankergrund. Du siehst Fische in diesem Wasser und einen einsamen Strand, eingerahmt von hohen Klippen und Riffen, schroff und unzugänglich und voller Vögel. Bis an den Strand heran wächst die dichte Wand des Waldes, ein Bach mündet dort, und eine Quelle sprudelt hier am Fuße des Hügels, nicht weit vom Saum des Meeres.

Und du ziehst mit dem Lineal eine Linie über diese große weiße Fläche, die Meer bedeutet, hin zu dieser Bucht, mißt Distanz, Kurswinkel, berechnest Deviation, Deklination, Abdrift und Kompaßkurs. Und wieder tauchst du auf aus dem warmen Licht der Kajüte, kletterst aus dem Niedergang, und wie immer wandert dein Blick zuerst auf das weite nächtliche Meer vor dir, bis sich der Himmel vom Meer trennt an jener Horizontlinie, auf die du langsam zutreibst, ohne ihr jemals näher zu kommen.

Doch ein leises Rauschen in der Stille sagt dir, daß du Fahrt machst. Du korrigierst die Automatiksteuerung auf den neuen Kurs, fühlst den Wind, holst die Schoten etwas durch und spürst im gleichen Augenblick, wie das Boot diese Kraft annimmt, sich leicht überlegt, das Rauschen am Bug nimmt zu. Du atmest die salzige Luft, riechst das Meer und weißt, daß du wieder einen dieser großartigen Momente erlebst, die Leben bedeuten.

Ich segle an diesem Bleistiftstrich entlang und denke an Fethiye, und ob ich nicht vielleicht doch erst dorthin laufen soll, um wieder mal gut zu essen, Vorräte aufzunehmen, ins menschliche Treiben einzutauchen, in diese bunten Bazare, um Hanf und Kaffee zu riechen oder auch ein Mädchen kennenzulernen – eine sommersprossige Irin oder eine Türkin vielleicht, die in Germersheim Sprachen studiert und hier ihre Eltern besucht. Ich kann ja später in diese Bucht gehen, es ist ja alles machbar, nur einen Bleistiftstrich um einige Grad verändern. Das Meer trennt und verbindet alle Kontinente, Völker, Nationen, Häfen. Ich kann überall hin – es ist nur eine Frage der Zeit.

Ich habe mich für Fethiye entschlossen. Der Wind weht aus West mit Stärke 3, und so sehe ich im Morgengrauen eben an Steuerbord den gewaltigen Baba Dag, ein graues Felsmassiv im Dunst der aufgehenden Sonne. Es wird wieder ein heißer Tag. Noch weht der Wind angenehm kühl über das Meer. Ich frühstücke im Cockpit Zwieback mit Marmelade, dazu Orangensaft, Tee, Yoghurt. Der Wind frischt jetzt auf, ein herrlicher Tag beginnt. Schnell trennt sich die vorgelagerte Halbinsel vom Baba Dag. Ölü Deniz ist an weißen Segeln zu erkennen, einige Frühaufsteher verlassen bereits die vielleicht schönste Bucht des Mittelmeeres, nutzen die Morgenbrise. Ölü Deniz verschwindet nun hinter Ilbis Burnu. Hinter der Küste dieses unbewohnten Landes liegt die Geisterstadt Kaya. Einzelne Schluchten und Felsen zeichnen sich ab, der Brandungssaum glitzert in Weiß, Vögel kreischen über Klippen. Weg mit dem Frühstücksgeschirr, jetzt wird es ernst. Ich rieche schon die Pinien von Tersane drüben auf der anderen Seite des Golfes von Fethiye. An Steuerbord ein Kap ganz dicht passieren, ich höre die Brandung, sehe die Risse in der blätternden Farbe eines alten Leuchtfeuers, sturmumtost, verwittert, rostig. Die Farbe des Meeres ändert sich von Schwarzblau über Türkis ins Milcholive, und da liegt sie, die Stadt. Terrassenförmig lagern die Häuserreihen am Berg, reichen hinauf bis an die schroffen Steilwände mit den lykischen Felsengräbern. Rauch steigt auf, Autohupen dringt schwach herüber, eine Gület tuckert dicht an mir vorüber, dunkle Männer lachen, winken. Der Wind ist weg.

Ich kann mich noch gar nicht trennen von diesem unerwarteten Anblick. Wie freundlich die ganze Stadt da eingebettet liegt im Licht und atmet, pulsiert, rumort, alles überschaubar und offen vor mir. Sie empfängt mich mit weit ausgebreiteten Armen.

Ich werfe den Diesel an, schaue auf den Kühlwasser-Auslaß, stelle UKW-Kanal 16 lauter, nehme die Zeit, schalte das Lot ein und gehe auf zwei Meter Warnung, langsam voraus, Autohelm mit Kurs auf die vielen ankernden Yachten, ich rolle die Fock ein und lege das Großsegel zusammen. Langsam schleiche ich mich durch die Ankerlieger aus aller Welt, hier winkt ein junges, noch frühstückendes sonnenverbranntes Paar von CATRIONA M aus Sydney, dort ein »Salty Dog« aus dem überladenen Cockpit eines rostigen Stahlschiffes aus Baltimore. Aus dem Bauch eines kleinen modrigen Holzbootes quäkt ein Baby. Am Bug wedelt ein Schäferhund, der dort den gesamten Platz einnimmt. An der Reling warten überall Tücher, Hemden, Tangas auf die heiße Sonne. Der Bootsname ist nicht zu entziffern, aber die Flagge war wohl mal schwarz-rot-gold.

Das Lot gibt Signal, ich werfe den Autohelm raus und nehme das Ruder. Es gefällt mir, durch diesen ankernden Campingplatz zu tuckern, mal zu schauen, wer alles da ist, und dann treffe ich tatsächlich auf die FALSTAFF. Wieviele herrliche Tage habe ich mit Ted und Jenny in der »Laundry Bay« verbracht. Wir haben gemeinsam Schwertfisch gefangen, mit dem Beiboot die Köder hinter uns hergezogen, haben abends unter den Amberbäumen gegrillt, nächtelang erzählt. Und da taucht er auch schon auf aus dem Niedergang, der Ted! Ja, was machst du denn hier – einlaufen –

woher kommst du – wo ist Jenny – Jenny ist von Bord, zurück nach Down Under – was? wieso? warum? –, und ich bringe den Anker unweit auf drei Meter, gehe mit der Maschine rückwärts, um ihn einzugraben, klare auf, werfe das Beiboot über Bord, setze Riemen und den Außenborder an, Luftpumpe, zwei Wasserkanister, ein Benzinkanisterchen usw. und pulle hinüber zu Ted. Ted hat nicht nur eine Dusche an Bord, sondern auch einen Kühlschrank – konnte aber Jenny trotzdem nicht an sich und dieses Leben binden. Und damit haben wir schon mal ausreichend Gesprächsstoff und Gelegenheit für ein oder zwei kühle Biere.

Es wird Mittag, bis wir das Dingi an der Strandpromenade festmachen, uns entlang der Touristen und ihrer Touristenmenüs einen Weg in die Altstadt bahnen, einen hellen, lauten Kantinenraum finden, hoher gekalkter Raum ohne Schmuck mit Plastiktischen und -stühlen, um dort das beste Fleisch der Welt mit Pita und Ayran zu genießen. Die Rinder leben an frischer Luft hoch in den Bergen, fressen Flechten und Kräuter an unzugänglichen Stellen, trinken Quellwasser, kennen keine Antibiotika und Östrogene.

Dann lachen dunkle, freundliche Augen uns zu, jemand interessiert sich für unsere Heimat, erzählt von Deutschland und ist stolz darauf, dortgewesen zu sein, und sagt, daß die Deutschen clever sind und gute Autos bauen. Ted gibt an, Australien sei seine Heimat, und jetzt sei es vielleicht die Türkei, und damit erntet er ein liebevolles, mitleidiges Schulterklopfen und einen Raki für uns beide.

Immerhin können wir uns diplomatisch verabschieden, um in dem unmittelbar angrenzenden Bazar Ziegenkäse, Ekmek, Oliven, Knoblauch, Zwiebeln und unglaublich aromatische Tomaten einzukaufen. Zwischendurch, und schwer beladen, müssen wir immer mal wieder einen Kaffee trinken oder einen Ayran. Wie die Menschen an uns vorbeifluten, was es alles zu sehen gibt – ich inhaliere all diese Düfte, lausche auf diese Musik des Lebens, bin mittendrin, und dort hinten, hinter den Bäumen der Promenade, im Hafenrund, da liegt SAKURA, mein Zuhause.

Markt

Vor der Tür

Traum

Ich hatte einen Traum: frei zu sein. Das war wie ein kurzer Blick aus einem Fenster ins Licht. Ich wollte dieses Fenster eigentlich nicht – nun war es zu spät. Ich hatte es gesehen. Auch andere haben es gesehen, glaube ich. Eigentlich war ich zufrieden: gute bezahlte Arbeit, Haus, Garten, Auto, Freundin, Zukunftsaussichten, Parties, Herausforderungen und dosierte Enttäuschungen, Urlaubsreisen, ärztliche Versorgung, Anerkennung, Seitensprung, Theaterbesuch, wachsendes Einkommen... Aber da war noch was, nämlich dieser Ruf des Meeres, dieses Seemannsklischee, abgeschmackt in manch einer Schnulze, aber doch auch irgendwie wahr, jedenfalls für einige Menschen. Sehnsucht und Meer, wir finden diese Metapher häufig in der Literatur und in der bildenden Kunst. Man denke nur an Melville oder an Caspar David Friedrich. Gerade die romantische Grundhaltung oder das damit einhergehende Lebensgefühl der Melancholie verbindet sich mit der Weite des Meeres, dem Gedanken an Flucht, Tod und Neubeginn. Aber mit dieser Symbolik zeigt sich auch das Meer in seiner Zweideutigkeit: Was für den einen Transportweg bedeutet, vielleicht den Weg in eine bessere Welt, hin zu einem neuen Anfang, das ist für den anderen ewige Flucht und Suche, Rastlosigkeit, Ungebundenheit; der »Fliegende Holländer« etwa. Die großen Fahrten über das Meer zeigen das dramatische Bild der Veränderungen, der Chancen und des Untergangs. Die Atlantiküberquerungen der Wikinger, des Kolumbus oder der Pilgrim Fathers werfen ein Licht auf das Schicksalhafte und Unwiderrufliche dieser Entscheidungen. Woher kommt also dieser Ruf des Meeres?

Damals, sonntagmorgens, geborgen im Elternbett, erzählte Vater von Kolumbus, während warme Sonnenflecken langsam über Schrank und Wand wanderten.

Angst, Sehnsucht, Träume von unberührten Gestaden, welche Welten taten sich da auf! Meine Bibel war der Atlas, dieser eigentümliche Geruch des morschen Papiers, die Seite mit dem Stillen Ozean – wie das Wort klingt, Ozean! Da liegt Celebes, diese braunen Finger auf blauem Grund, tausend Inseln, Piraten, Menschenfresser, Weltflucht, Sehnsucht nach dem Paradies, nach verbotenen Früchten, dem Garten Eden...

Entdecker wollte ich werden, Seemann auf großer Fahrt, Salz auf der Haut, Teergeruch. Den Urlaub verbrachten wir auf Norderney, in Sandburgen, am Horizont Ozeandampfer, graue Punkte, die die Welt bedeuten.

Bloß weg hier, raus aus dem Mief, Tanzkurs und so'n Scheiß und Latein. Und dann war es soweit, als es nicht länger ging daheim: Winter, Nordatlantik auf MS BREITENSTEIN beim Norddeutschen Lloyd, Eiszapfen an Wimpern, Müdigkeit, Toilettenreinigen, Rostklopfen und das Elend der

»Dritten Welt«. Kleine billige Mädchen lachten dir das Heimweh aus der Seele – wo ist der Seemann zu Haus? Und dann hast du es in dir, das Meer, das verbindet, das versöhnt. Ali, dein Freund? Michimi, ja, ich komme bald wieder. Leinen los, raus, weg von hier. Am Horizont ein neuer grauer Streifen, ein neuer Hafen, fremde Stimmen, neue Chancen? Wiederkehr, Heimkehr, saftige Wiesen im Regen, alte Freunde an dunklen Kneipentischen, lächeln, verstehen nichts. Ich bin allein. Raus hier, weg hier, das Meer heilt alle Wunden. Da drüben, nein dort, ach ja, da liegen jene Buchten, jene Strände. Eines Tages wirft dich eine Welle dort matt auf den Sand.

Eines Tages schließlich hatte ich das Geld und die Gelegenheit zur Verwirklichung dieses Traums. Ich fuhr an die Ostsee, um eine von den schönen Mahagoniyachten der in Auflösung begriffenen Nationalen Volksarmee zu kaufen. Aber die waren »vergriffen«, längst, man lachte mich aus. Dann Travemünde, Kiel und ein edler Yachtclub in Hamburg, wo man eine Westerly Konsort, eine sehr stabile englische 29-Fuß-Yacht, zum günstigen Nachlaßpreis anbot. Der ehemalige Besitzer hatte nach alljährlichen Yachturlauben seiner Frau eine Pauschalreise nach Madeira versprochen, holte sich dort einen Virus und starb.

Aber ich fuhr weiter mit meinem VW-Bus nach Holland, Belgien, zur Normandie, dann die englische Südküste rauf und runter, begutachtete täglich Yachten, lernte Eigner und ihre Erfahrungen kennen – immer in Verbindung mit dem Geruch des Meeres. In England erreichte mein Traum die Intensität einer Droge. Hier, an dieser Küste, erlebe ich die geballte Kraft der Geschichte einer Seefahrernation, Sir

Entdecker

Francis Drake, Sir Walter Raleigh, James Cook waren da, der Geruch von Teer, Brackwasser, Fisch, Salz. Hier öffneten sich die Tore zur Welt, hier fühlte ich den gewaltigen Pulsschlag des Ozeans. Die Gezeitenströme saugen den Dreck und Schlamm und alles, was nicht angebunden ist, hinaus, des Meeresgrundes verbotene Zone liegt plötzlich erschreckend offen da, und dann kommt das Meer zurück und rächt sich für deinen frechen Blick, brodelt und peitscht um die bleichen Felsen, donnert gegen Schleusentore und leckt an den saftigen Wiesen. Wehe dem, der heute noch draußen ist! Hier drinnen, im Pub, an uralter Eiche unter Schiffsmodellen, zeigen dir bräunliche Bilder an der Wand, wie es draußen ist, was du opfern und erleiden mußt, um an jene Gestade zu gelangen, die man Südsee nennt und die man nur aus Träumen kennt.

Ich denke an Hermann, der einmal dort war, im Urlaub, »Island-hopping« im Flieger, der uns ein Video zeigte vom Strand und sagte, daß keine Sau da war, und das war vor vielen vielen Jahren, und auf seinem Gästeklo liegt immer noch die Seife vom Beachcomber Hotel.

Also, es mußte England sein, um ein Schiff zu kaufen, den Traum zum Leben zu erwecken, und es mußte eine Westerly Konsort sein. An Englands Ostküste hob sich der Nebel, eine warme Sommersonne stand über dem Marschland, Männer begannen die Rümpfe ihrer trockengefallenen Yachten, die dort auf Kiel und Stelzen standen oder an der Kaimauer lehnten, mit Antifouling zu streichen. Es war so still und friedlich. Im Containerbüro erzählte mir Herr Nielsen, bei dem ich den Kaufvertrag für SAKURA unterschrieb und 300 DM Anzahlung leistete, daß sein Sohn letztes Jahr bei dieser Arbeit unter einer umgekippten Yacht festgeklemmt lag und bei Flut im Beisein aller ertrank.

SAKURA lag in Rhodos. Einige Tage später schwebte ich über der herrlichen ägäischen Inselwelt, ertrug die blutsaugerischen Taxifahrer und die verlogene Unwissenheit einiger Hoteliers und Polizisten, fand endlich »Nereus Boatyard« und SAKURA in der Nacht, mich fand ein bissiger Hund und ich eine Leiter, schlief im Cockpit im Glasfaserstaub. In den folgenden Tagen begann ein Kampf mit den Zollämtern, den Hafenbehörden, dem Boatyard und der Polizei. Einige Telefonate mit einer deutschen Bank und dem Westerly-Büro in England gaben dem Ganzen einen internationalen Touch. Manchmal überbot das bürokratische Chaos die Frechheiten der Behörden, die z. B. trotz meiner Papiere meinen Yachtbesitz in Frage stellten und auch noch Liegegebühren im Mandraki-Hafen verlangten, obwohl ich zu der Zeit noch gar nicht dort lag. Beinahe hätte ich wegen Beamtenbeleidigung – »kein Wunder, daß Ihr die Olympiade nicht kriegt« – ein rhodisches Gefängnis kennengelernt. Irgendwann brachte ich es fertig, meine deutsche Genauigkeit einfach zu vergessen, die Schönheit dieser griechischen Götter in Uniform zu erkennen und zu verstehen, warum sich die 10000 Skandinavierinnen jährlich so heftig auf die griechischen Männer stürzen, daß die sich sogar in Toiletten einschließen müssen.

Auch Kühlschrank-Klaus ist ja hiergeblieben, nachdem er mit Rebecca dreimal die Erde umsegelt hatte und sich hier von ihr trennte. Jetzt liegt er seit einem Jahr im alten Hafen, also in Mandraki, schwärmt von den blonden Mädchen, verdient viel Geld mit der Reparatur der Kühlschränke auf Yachten, fährt ein riesiges Motorrad, bevorzugt in den engen Altstadtgassen. Klaus zeigte mir, wie man es fertigbringt, Rhodos doch noch zu genießen, z.B. das Türkische Bad: dort, in diesem dampfenden Nebel, kleine Gänge, die zu plätschernden Becken in Räumen und Nischen führen, von oben fahles Licht aus Kuppeln und Laternen, dieses Kichern schwuler Dicke in dunklen Gewölben.

Und dann die Nächte nach getaner Renovierungsarbeit auf SAKURA, in diesem staubigen Boatyard mit einer einzigen, verstopften Toilette und einem lecken Frischwasserschlauch, die Nächte mit Klaus unter Pinien im »Popeyes«, wo reiche Charteryachties die Miezen für ihre Schiffe einkaufen. Ja, so machen die das: zwei Wochen oder drei weg von zu Hause, reine Männertour natürlich, und dann holen sie sich hier die Puppen, zum Kochen und Putzen natürlich. Klar, der Traum vom Aussteigen, vom Jungbrunnen, vom Vergessen, zwei Wochen, alles inklusive, natürlich.

Außerdem kannte Klaus auch noch die ganz andere Szene, von der ich eigentlich immer träumte, wenn ich an Griechenland dachte, die aber auf Rhodos nur noch rudimentär vorhanden war, und dann auch nicht in dieser Stadt des Total- und Rundumtourismus. Wir dröhnten mit dem Motorrad weit über die Insel in den Süden, an eine kleine Bucht, wo Fischer lagen, die genügsam die letzten Fische des östlichen Mittelmeeres abfischten. Dort saßen wir auf Basthockern auf der Terrasse am Wasser mit alten, schwarzgekleideten Männern, die leise sprachen und oft still auf das Meer schauten, tranken Kaffee und Wasser, aßen eine Mesé mit Oliven und Feta, Tomaten mit roten Zwiebelringen und Olivenöl, warteten auf den besten Fisch der Insel.

Sofort mit dem Fisch waren auch alle Katzen da und verjagten die Hühner unter den Tischen, und auch die Hunde wachten auf, hielten die Nase hoch und überlegten lange, ob es sich wohl lohnen würde, aufzustehen. An solch einem Abend, an dem sich die Sonne mit dem Meer verband, Menschen und Tiere sich verstanden, Griechen und Deutsche Zuneigung fühlten, wir alle die Einheit mit dem Universum ahnten und auch wußten, daß es von diesen Abenden nicht mehr viele geben wird in Griechenland und anderswo, an solchen Abenden dachte ich an Deutschland und an die Daheimgebliebenen und bedauerte Reny, die aufgrund ihrer guten Auftragslage nicht herkommen konnte.

Wir tranken Retsina und redeten über Frauen, ohne die man eben doch nicht die volle Intensität des Glücks erleben kann, weil man sich nicht mitteilen kann, weil eben die Liebe und das Körperliche fehlen oder weil eben auch die Hormone ihr Recht fordern, erst recht dann. Klaus sagte, es wäre die Hölle gewesen mit Rebecca bis kurz vor St. Lucia damals und sie hätten sich nach der Atlantiküberquerung erst mal getrennt. Es wäre immer sein Traum gewesen, St. Lucia am Horizont auftauchen zu sehen, an der Seite seiner Geliebten und Partnerin mit langem, im Passat wehendem Haar. Irgendwie war das auch mein Traum, mit einer echten Partnerin durch Stürme zu segeln, sich im heißen Sand zu küssen, in klarem Wasser zu kühlen, gemeinsam die Route zu planen, gemeinsam das Fremde zu erobern und über das Entdeckte zu diskutieren. Das ist der Traum aller Segler, sagt Klaus – aber es gäbe sie nicht, diese Frauen, und deshalb gäbe es überall diese verlotterten Träumer, diese Einhandsegler, diese Spinner und stinkenden Philosophen, die einen

Tag damit zubrächten, einen geeigneten Platz für einen neuen Kanister zu finden und diesen dort festzubändseln.

Nach vier Wochen war SAKURA total überholt und zu Wasser gelassen. Endlich konnte ich im Mandraki-Hafen liegen mit all den neuen Freunden und Bekannten, konnte in den Cafés sitzen und vom baldigen Aufbruch träumen, hinüber zu jenen riesigen graublauen Bergen, die man bei gutem Wetter am Horizont ausmachen konnte: die türkische Küste.

Und dann endlich kam Reny in der Nacht mit einem riesigen Koffer, »la Grande Dame«, bereit für die Kreuzfahrt oder auch nur für eine kleine Hafenrundfahrt? »Wo liegt denn dein Dampfer?« fragte sie scherzhaft. Ich hatte ihr soviel zeigen wollen, jenen Stein in den historischen Gassen, jene Bäume im Park, die lauschige Ecke dort, die Katzenwiese zwischen den Ruinen, das kleine Café hier und dort und Kostas und – sie war mir fremd geworden nach so langer Zeit. Rhodos war mir vertraut, Reny nicht mehr.

Auf dem Weg entlang der Pier trafen wir Klaus, und stolz stellte ich sie ihm vor. Wir saßen bei ihm an Bord, tranken Metaxa und schauten auf die beleuchtete Festungsanlage und die vielen tausend Lichter im Hafenrund. Ganz leicht schlingerte das Boot auf der spiegelnden Fläche, und Reny sagte »huch!«, und daß es eigentlich ganz toll wäre hier, und Klaus kam richtig in Fahrt mit seinem Garn und brachte es tatsächlich fertig, der Reny die Gedanken an die Auftragslage auszutreiben und sie einzustimmen auf diese Welt, die vielleicht doch nur ein Traum war. Auch von den Nachbarschiffen lachte und winkte es herüber, bis wir endlich zur SAKURA wankten und Reny »so groß!« ausrief – sie schauderte bei dem Gedanken, mit Klaus' Boot auf der Passatroute zu segeln. Also »so groß« rief sie, Gott sei Dank. Es macht schon was aus, das Boot mit dem Heck zur Pier zu legen und die Sprayhood aufzuspannen.

Wir tranken noch einen Metaxa, zündeten Kerzen an und erklärten auf die Fragen der Touristen, daß wir nicht von Mannheim dahergesegelt sind, aber das bald tun werden, und daß das sehr lange dauern kann, vor allem, wenn man die Atlantikroute nimmt. Also, wir waren total happy und freuten uns auf den kommenden warmen Tag, an dem ich meiner Gefährtin die Stadt Rhodos zeigen wollte. Der übernächste Tag war dann auch schon der Tag, von dem ich immer geträumt hatte: Aufbruch mit Reny und SAKURA zu neuen Ufern.

Es begann zunächst einmal mit einer typisch rhodischen Überraschung: Der Anker saß fest. Wenn das passiere, so lautete die Hafenvorschrift, dann Taucher anfordern, pro Minute zwanzig Dollar. Ich war stocksauer. Ehe die Taucher was bemerkten und angefegt kamen mit ihrem Rennboot, hatte ich schon die Taucherbrille auf, die Klamotten runter und hangelte mich entlang der Kette ins milchig-trübe Hafenwasser hinunter, sah den Anker endlich fein säuberlich in der schweren Mooringkette verhakt – wer hat das wohl getan? –, pickte einen Haken in die Sorgöse, tauchte auf und kletterte über die Badeleiter wieder an Bord. Sorgleine ziehen, Anker frei und einholen und langsam wegtuckern. Da kamen sie angebraust, die Taucher, und wunderten sich, schauten ungläubig auf den triefenden Anker.

Ein herrlicher Morgen doch noch, und die Freiheit vor uns, die Stadt im Rücken, diese riesige Festung; wir verlassen sie zwischen den imaginierten Schenkeln des Koloß von Rhodos, des Siebten Weltwunders. SAKURA tauchte die Nase in klare azurblaue Wellen, bockte wie ein wildes Pferd. Etwas Gischt wehte an Deck. Reny sollte ans Ruder – aber sie weinte vor Angst. Also Autohelm rein und Segel setzen. Ja, die Hafeneinfahrt von Rhodos ist oft ruppig, aber die Segel stabilisieren das Schiff, und ab geht es Richtung Marmaris.

Mit rauschender Fahrt und sanften Bewegungen glitten wir jetzt dahin, es wurde warm, wir cremten uns ein, lachten, tranken Sekt, und die Stereoanlage aus dem Salon spielte unser Lieblingslied: »Airport Love Story«. Jetzt mußte ich heulen.

Ich hatte einen Traum: endlich frei zu sein, meinen Körper zu spüren, wie er vibriert vor Lust und Kraft, endlich eine tiefe und grenzenlose Freude zu empfinden, die aus mir selbst kommt, endlich zu erkennen, daß meine Entschlüsse erkennbare und greifbare Folgen haben.

Entdecker

Tomb Bay

Ich bin ganz allein, rundherum nur Horizont, Sprechfunk-Kanal 16 schweigt, kein Vogel, kein Delphin. Eine leichte Brise schiebt von achtern. Ich binde die Sicherheitsleine um und setze zum ersten Mal den Spinnaker. Es gelingt irgendwie ganz gut, er bläht sich auf zu einem wunderbaren blau-weißen Ballon. Sofort nimmt das Rauschen am Bug zu – jetzt das einzige Geräusch.

Irgendwie gelingt anscheinend alles, was ich hier tue. Mit zunehmender Sicherheit verliere ich einen großen Teil der Angst vor dem Alleinsein auf dem weiten Wasser. Ich habe fast den Eindruck, der große Boß hier zu sein, der Herrscher der Meere. Aber da ich mit SAKURA noch keinen richtigen Sturm überstehen mußte, bleibt letztlich doch noch alles offen. Die Ruhe vor dem Sturm sozusagen, die Abrechnung kommt noch, das Meer will die Prüfung, will auch seine Opfer. Ich beruhige mich mit der Statistik, daß auf deutschen Straßen prozentual mehr Menschen sterben und daß auch das Krebsrisiko auf See vermindert wird und viele andere Krankheiten hier überhaupt nicht auftreten – es sei denn, ich habe einen Unfall an Bord, werde ohnmächtig...

Ich habe noch keine Navigationselektronik, verlasse mich also auf das Koppeln, die Angaben von Log und Kompaß, vertraue auf meine Dechiffrierfähigkeit, anhand der Karte einen unbekannten Küstenabschnitt zu identifizieren. Die Entfernungen sind ja nicht groß, und außerdem muß es ja nicht unbedingt die Bucht sein, die ich da ausgewählt habe, an der türkischen Südküste. Andererseits sollte ich aber nicht gleich anfangen zu schlampen. Sicherheit an Bord heißt Ordnung und Präzision. Hoffentlich läßt der Wind nicht nach, ich möchte schon gerne vor der Dunkelheit vor Anker liegen.

Ist das der Rand einer dunklen Wolke recht voraus? Diese Formation in dieser Höhe könnte auch eine Bergkette sein. Mit der Zeit, und viel früher als erwartet, entscheide ich mich für »Land in Sicht!«. Nun beginnt die aufregende Arbeit der terrestrischen Navigation: markante Landmarken ausmachen, immer wieder zur Karte rennen und vergleichen, Möglichkeiten von Unwahrscheinlichkeiten trennen, Gewißheiten gewinnen. Wie aufregend war das doch bei den Entdeckern damals, die keine Karte hatten und damit rechnen mußten, auf unterseeische Klippen zu laufen, auf keine Hilfe hoffen zu können und Monate, gar Jahre von der Heimat entfernt zu sein. Ich finde es trotzdem aufregend genug, in diese Meerenge zu segeln, vorbei an Domus Adasi, Wälder und Kräuter zu riechen.

Plötzlich ist der Wind weg. Ausgerechnet zwischen den Klippen. Die Sonne verschwindet im gleichen Augenblick hinter einer schwarzen Wolke, die mit großer Geschwindigkeit über dem Berggipfel an Backbord heranrollt. Was ist los? Es wird fast Nacht! Es donnert!

Ich bin in Panik: Diesel anwerfen, Segel weg, Gummizeug an. Alles ist weiß, ein Wolkenbruch peitscht das Wasser, bringt es zum Kochen. Klippen? Wo waren die doch gleich? Lot an und langsam voraus. Immerhin ist es hier noch fünfzig Meter tief, das ist beruhigend, und die Klippen sahen nicht wie Nadeln aus. Wo bleiben eigentlich die Gewitterböen? Genauso plötzlich hört der Regen auf, ich sehe die Klippen und den Eingang zu »meiner« Bucht, »Tomb Bay«, die Gräberbucht oder (auf türkisch) Skopea Limani.

Die Sonne bricht wieder durch, und ich rausche hinein in diese dunkle bewaldete Schutzhülle. An Backbord liegt das riesige Wrack einer türkischen Gület. Gleichzeitig sehe ich an Steuerbord die Felsengräber in der Steilwand zwischen den Kiefern und Zypressen: rechteckige dunkle Eingänge umrahmt von Pilastern und Tympana, geschmückt mit einfachen Kapitellen und Zahnschnitt-Geison, alles aus dem gewachsenen Felsen gehauen, aus dem 4. Jahrhundert v. Chr.

Ich fahre weit hinein in diese einsame Bucht, bemerke die winzige Klippe, die auch in der Seekarte mit einem kleinen Kreuz versehen ist (seltsamer Gag, Klippen als Kreuze zu markieren), erreiche die richtige Ankertiefe, werfe den Anker, laufe rückwärts und gebe der Ankerleine Lose, es ist tief genug am felsigen Ufer, Ankerleine belegen, Abstand fünf Meter zu den Klippen, Motor langsam weiter rückwärts laufen lassen, ins Wasser springen und mit der Festmacheleine zum Ufer schwimmen, Felsen raufklettern, Leine um den Baum nehmen, zurück mit dem Ende zum Boot, belegen, Motor aus. Die Bucht ist still wie ein Grab.

Ich denke an Böcklins Toteninsel. Schaurig-schön sind diese fast schwarzen Felsen mit den gähnenden Öffnungen, die dunkle üppige Vegetation und das Türkis der Wasserfläche. Immer wieder wandert der Blick zu den bleichen Knochen des Wracks hinüber. Wie ist es dazu gekommen? Jedenfalls entfalte ich nun eine die Friedhofsruhe störende Aktivität, fange an, üppig zu kochen, entkorke den Rotwein, schreibe Logbuch, erkunde mit dem Beiboot die Ufer, mache Fotos und eine Zeichnung.

Eine mondlose, sehr dunkle Nacht bricht herein. Es muß kurz nach Mitternacht sein, als ich von heftigen Böen geweckt werde, die meine SAKURA durchschütteln. Sie zerrt am Anker. Das nervenaufreibende Rumpeln der Ankerkette über Felsen dröhnt bis ins Vorschiff. Schnell in die Hosen und an Deck. Was ist das? SAKURA ist achtern im Schein der Taschenlampe nur noch einen halben Meter von den Felsen weg, und jetzt stößt das Ruder auch schon etwas unsanft auf. Wo ist der Zündschlüssel, verdammt, ich bin so zittrig, daß ich ihn nicht ins Zündschloß kriege.

Der Diesel läuft, langsam voraus in die pechschwarze Nacht. Wo war diese kleine Klippe? Erst mal Leine los und Anker einholen, irgendwie neu ankern. Warum habe ich auch nicht geprüft, ob der Anker wirklich hält? Mit der Taschenlampe leuchte ich umher, um nicht auch noch auf die Klippe zu geraten.

Es gibt einen kurzen Schlag, der Motor läuft für einen Moment langsamer, was war denn das? Voraus undeutlich eine Felswand, also Wende, zurück in die Mitte der Bucht, was sagt das Lot? Wo ist diese verdammte Klippe? Nach zwei weiteren entnervenden Ankerversuchen in der inzwischen äußerst ungemütlichen Bucht scheint der Anker zu halten. Ich finde keinen Schlaf mehr.

Im Morgengrauen entdecke ich das fehlende Beiboot und das zerfetzte Ende seiner Leine. Das war also dieser Schlag. Ich könnte heulen ob soviel Blödheit. Die Bucht aber zeigt sich in ihrer unschuldigsten Schönheit, die Sonne beginnt zu wärmen. Was soll dieses hintergründige Paradies nun mit diesem hilflosen Anfänger machen? Die Gräber scheinen zu lachen über den Abkömmling einer Selbstverwirklichungs-generation, ausgestattet mit so viel Technik. Mit dem Fern-glas suche ich alle Ufer ab, schwimme hinüber, kämpfe mich durch die dornige Machie, klettere über Geröll hinauf zu den Gräbern, starre hinunter in die tiefgrüne Bucht mit der weißen SAKURA darin und weiter hinunter in die Schluchten des Meeres. Dann steht Gott Pan vor mir und versperrt mir frech den schmalen Pfad entlang des Abgrunds. Entschul-digung, ich wollte ja nur mal nach meinem gelben Gummi-boot sehen. Gemächlich dreht er sich um mit seinem wun-derschönen, stolz gereckten Gehörn, und mit ihm ziehen über und unter mir seine Ziegen krachend und knisternd durchs Gehölz.

Woher wehte eigentlich der Wind in der Nacht? Ich fah-re hinaus auf das Meer und suche die gegenüberliegende Insel mit dem Fernglas ab, und da, am unteren Rand dieses grauen Bandes, ist das nicht was Gelbes? Ich halte darauf zu, und wirklich, es ist mein Gummiboot! Da liegt es auf scharfkantigen Felsen über der Brandung auf Legerwall. Es ist sehr tief hier. Bei auflandigem Wind in der Brandung ankern? Es muß sein. Ich lasse die Maschine laufen, springe mit Schuhen in die See, hole mir etliche Schrammen und mein Boot, pulle zurück, geschafft. Gerade noch geschafft. Langsam voraus, Autohelm rein, Anker hoch aus dreißig

Meter Tiefe und nichts wie weg hier. Auf zur Laundry Bay, nicht weit von hier, dort muß sie sein, die gastfreundliche Bucht, das Paradies. Noch ein Blick hinüber in jenes dunkle Loch der Grabesbucht und an Steuerbord dieses unwirtliche Gestade von Domus Adasi. Segel hoch, Motor aus. Ich fühle SAKURA, wie sie sich wiegt in der See, wie sie mir folgt – ich bin so glücklich, ich könnte schreien.

Laundry Bay

Boynus Bükü wird von den Fahrtenseglern »Laundry Bay« oder »Wäschebucht« genannt. Viele Insider, die sich gerne in diesem Teil der Welt aufhalten, kennen die Bucht. Sie liegt im begehrten Golf von Fethiye, der wiederum an der beliebten türkischen Südküste liegt. Im internationalen Vergleich ist die Türkei für sehr viele Segler das angenehmste Revier der Erde: gutes Klima, hervorragende Lebensmittel, relativ einsame Küsten, zuverlässige und ausgesprochen freundliche Menschen, antike Schätze, geringe Preise. Es ist Oktober, und viele sind bereits unterwegs nach Zypern zum Überwintern oder haben das Mittelmeer verlassen auf dem Weg über die Passatroute in die Karibik.

Die Bucht hat ihren Namen wegen der Möglichkeit, hier Wäsche zu waschen. Irgendwer hat mal vor Jahren einen dicken schwarzen Schlauch von einer Quelle an den Strand gelegt, so daß hier ständig heißes Wasser fließt. Ansonsten bietet die Bucht einen Sumpf ohne Mücken und mit seltenen Wasservögeln, einen Wald mit Amberbäumen nahe der verfallenen Holzpier, ein weites, lichtdurchflutetes Ambiente, klares Wasser mit vielen Fischen und einen Bauern, der aus dem Inneren hierherkommt, um bei Nachfrage eine Ziege oder ein Lamm zu schlachten, zu grillen und für alle ein zünftiges Festmahl zu bereiten. Im Gegensatz zur Grabesbucht kann man hier also auch sein Kommunikationsbedürfnis befriedigen, sich reinigen, Sorgen, Ängste, Probleme aufarbeiten und vergessen.

In der Bucht liegen drei Yachten, alle am Steg: Ted und Jenny aus Australien, Ferdinand, ein deutscher Türke, und ein uraltes, sehr zurückhaltendes deutsches Ehepaar auf einem selbstgebauten, fast rechteckigen Stahlmotorboot, die nie mehr hier wegfahren, schon einige Jahre vor Ort leben und hier wohl auch sterben wollen. Ferdinand, 50, war Architekt in Deutschland, hat irgendwie den Kontakt zu seinen Landsleuten verloren, sucht ihn auch nicht mehr und verbringt den größten Teil des Jahres in dieser Bucht. Ted hat in Cairns vor vielen Jahren seine Familie verlassen, seinem Bruder den Anteil des Hotels auf Rentenbasis überlassen, in Piräus ein Schnäppchen mit einer Yacht gemacht, und da er als Vierziger noch sehr gut aussieht, hat er auch immer mal ein junges Blut an Bord. Diesmal ist es Jenny, eigentlich auf Europatour, aber dann hier hängengeblieben.

Ted nimmt die Leinen an, ich kann auch noch an diesem Steg liegen. Natürlich gibt es viel zu erzählen. Ferdinand schüttelt sich, daß ich eine Nacht in der Grabesbucht verbracht habe. Der Bauer kommt mit seiner Frau und einem Baby, das Jenny halten darf. Wir sitzen alle zusammen unter den Amberbäumen. Hier ist es angenehm kühl. Ich muß mich daran gewöhnen, nicht alles so kurz und bündig abzuhaken, denn wir haben unendlich viel Zeit. Eigentlich gibt es keine Zeit. Es gibt nur Tageszustände, an denen man eben manche Dinge optimal erledigen kann. Fahrtensegler können das sehr gut, da sie gelernt haben, ihre Kräfte einzuschätzen und mit der Natur – und nie gegen sie – eine Arbeit zu erledigen. Wenn die Sonne nicht scheint, wäscht man eben keine Wäsche, und wenn es stürmt, bleibt man besser dort, wo einem diese Gewalt möglichst nichts anhaben kann. Ein Fahrtensegler ist wie ein Judokämpfer, er nutzt die Kraft und lenkt sie zu seinen Gunsten um. Wir reden deshalb auch nicht, um in möglichst kurzer Zeit möglichst viele brauchbare Informationen zu sammeln; wir spielen mit der Sprache, mit den Sprachen, ein gemeinsames Spiel, wir stellen uns dar, genießen die Gesamtsituation, spüren gemeinsam den Windhauch, riechen den gegrillten Fisch, hören die Enten drüben im Schilf. Und wenn Ted seinen Aussi-Slang in die Runde dröhnt, diesen Gruß aus dem Dschungel vom Land »down under«, dann verdreht Jenny mit ihrer Oxford-Erziehung die Augen.

Die Fahrtensegler mögen von Landratten als beinahe esoterische Clique mit Mißtrauen bedacht werden, aber in Wirklichkeit kann man nur staunen, welch ein breites Spektrum von Individualisten hier Vielfalt und Toleranz unter Beweis stellt.

Ted ist bereits ein »Salty Dog«, er hat hellblaue Augen, die ein fernes, geheimnisvolles Leuchten ausstrahlen, eine goldbraune, gegerbte Haut, einen dichten grauen Bart, und er hat so ziemlich alles erlebt, was einem im östlichen Mittelmeer passieren kann, will es aber trotzdem vorerst nicht verlassen, oder gerade deswegen nicht, weil diese umfangreiche Kenntnis auch wieder Sicherheit, ja Heimat verleiht.

Er will jetzt sogar den Winter in der Laundry Bay kennen-lernen. »Du kannst nicht immer überall nur die Rosinen raus-picken«, tadelt er gouvernantenhaft, aber in Wirklichkeit möchte er den Kreislauf erleben, so wie sich ein ganzer Tag rundum gestaltet, so auch ein ganzes Jahr. Er möchte die Bäume sich verfärben sehen, die neuen Tiere begrüßen, das veränderte Meer riechen und anders fischen.

Zum Fischen und Angeln hat Ted eine besondere Veran-lagung. Eigentlich glaube ich ja nicht an solche übernatürli-chen Dinge, bin grundsätzlich auch religiösen Gefühlen ge-genüber skeptisch. Bei dem Gedanken an Kirchen, Missio-nen und ähnliche organisierte Massenveranstaltungen ver-spüre ich Wut und Trauer und Mitleid für alle, die in die-sem und jenem Namen verführt und ausgebeutet wurden, sterben mußten und danach geehrt wurden. Ted aber hat eben eine besondere Gabe, Fische zu fangen – so wie er viel-leicht auch die blonde Jenny einfing.

Wir prutteln mit meinem gelben Tenderboot und zwei PS vor die Bucht, Ted bereitet die Angeln vor, setzt die Kö-der auf die Haken, gibt den Kurs und die Geschwindigkeit an, und ich darf auch eine Schnur halten. Ich schaue auf seine Hände, imitiere seine Bewegungen – aber nur er fängt die Schwertfische.

So vergehen viele Tage. Ich bin noch nicht soweit, in der Laundry Bay überwintern zu wollen, hier den endgültigen Ort der Zufriedenheit erkannt zu haben. Mich drängt es weiter, ich möchte gerne den Geheimnissen dieser Küste auf die Spur kommen.

Ted

Kastellorizon

Im Rahmen der Verträge von Lausanne 1923 wurden zwischen Griechenland und der Türkei die heutigen Grenzen festgelegt. Minderheiten mußten ihre Heimat verlassen. Ich erwähnte schon die Geisterstadt Kaya bei Fethiye, die nach dem griechischen Exodus nicht von Türken übernommen wurde. Die Inseln fielen fast alle an Griechenland, so auch Kastellorizon – allerdings erst im Jahr 1947 als letzte Übergabe. Die Insel liegt dicht vor dem Festland bei Kas und ist somit der südöstlichste Punkt Europas. Aufgrund der Spannungen zwischen Griechen und Türken, zwischen Okzident und Orient, Christentum und Islam gibt es keinen Kontakt nach Kas, sondern nur zum weit entfernten Rhodos, mit einer wöchentlichen Fähre. Somit ist ein wirkliches Inseldasein gesichert. Darüber hinaus erscheint Kastellorizon einsamer als eine unbewohnte Insel, sie wurde nämlich verlassen. Es blieb ein kleiner verstreuter Rest alter, schwarzgekleideter Männer und Frauen, die ihren Kindern nicht nach Australien folgen wollten, und ein Militärposten auf der Bergspitze, zwei junge Kerls mit Fernglas, Funkgerät, Bierdosen und Pornoheft.

»Reif für die Insel« bedeutet sowohl Sehnsucht und Flucht aus einer belastenden Lage, hin zum Paradieszustand, zur Insel der Seligen, das isolierte Glück im Meer des Bösen, andererseits aber auch eine unfreiwillige Robinsonade, Isolation als Exil, als Verbannung oder gar Gefängnis.

Kastellorizon ist beides: für manch einen Fahrtensegler, und dazu zähle ich mich auch, die faszinierende Erfahrung von Verfall als Teil eines Kreislaufs. Überall im Ort nistet die Trauer des Abschieds. Die verlassenen Häuser mit ihren leeren Fensterhöhlen spiegeln sich auf dem glatten Hafenrund, ein Echo des Todes in der Stille ringsum. Überdimensionale Poller an der flachen Pier erinnern an einen einst lebendigen Umschlagplatz. Hier hat also ein Hafen Schiffbruch erlitten. Ich liebe diese Melancholie, sie verdeutlicht die Sinnlosigkeit eines anthropozentrischen Weltbildes. Hier macht Sisyphos eine Pause, meine Seele findet Ruhe. Für andere ist dieser Ort unerträglich. Sie wollen in einer Robinsonade den Neubeginn nach einem Scheitern sehen, der mit Besinnung und Selbstfindung einsetzt, um dann eine neue, wieder natürlichere Welt schaffen zu können. Dazu braucht man dann eben eine unberührte Insel, eine geradezu jungfräuliche Insel ohne die Spuren des Scheiterns.

Der einzige kleine Laden ist eine düstere Kammer zu ebener Erde mit der Pier, eine Glühlampe hängt von rauchschwarzer Decke, an den schimmeligen Wänden lehnen einige Regale mit Dosen von überall aus der EU. So viel Luxus haben wir, das sind Niki, Paul und ich, gar nicht erwartet und kaufen andächtig Frühstücksfleisch aus Dänemark. Es wird Abend, und eine rotgoldene Sonne verklärt diese Totenstadt, verleiht ihr den alten, farbenprächtigen Glanz. Wir

An der Pier

sind ganz benommen von diesem Anblick und haben das Gefühl, Außerirdische zu sein. Unsere beiden Yachten passen hier nicht her, sie liegen da so aufdringlich, glatt und technisch, ragen mit dem Bug über die Pier bis fast in die Häuser hinein.

Und nun bewegt sich was, schwarze Gestalten kommen aus Löchern und Gassen, dabei Katzen, viele Katzen, und alles bewegt sich auf der Hafenpromenade. Ist es ein Totentanz? Sind es die Geister und Wächter über diesen Ort? Und plötzlich öffnet sich quietschend ein Tor, ein Tisch wird herausgetragen und Stühle, direkt vor unseren Booten, und Rauch dringt heraus, es riecht nach gebratenem Fisch. Da sitzen wir also und essen Gerdafisch, die Nacht kommt über den Hafen herein, die Dorfgänse stolzieren noch einmal vorbei, ehe sie sich auf dem Platz vor dem leeren Rathaus zur Ruhe begeben, sie ersetzen mit ihrem Schnattern den Autolärm einer Großstadt. Ziegenrudel verlassen Häuser und verwilderte Gärten, wagen sich hierher, an diesen Platz, wo das menschliche Leben noch einmal Kraft schöpft.

Und dann passiert etwas, womit wir ja auch gerechnet haben: Der Fliegende Holländer segelt in diesen Hafen, hat natürlich zu viel Fahrt drauf, die Wende reicht nicht aus, das Segel fällt zu spät, und im schwachen Schein der Barlaterne kracht das alte Holz auf die Pier. Der Holländer in Gestalt eines Alexis Sorbas springt trotz seines Alters gelenkig mit Festmacheleine an Land, nimmt sie um den Poller, wirft das Ende einer jungen Dame an Bord zu, lacht und brüllt, sie solle kommen, stellt sich an unserem Tisch mit »Steve aus Rhodos« vor und dröhnt zum Wirt: »Eine Runde für alle, für die ganze Stadt, yes! Everybody come here, drink,

drink!« Ja, so lernten wir Steve kennen, diesen rhodischen Griechen, der sein Leben lang Touristen vor den Hafen schipperte, dann sein Herz an Flavia aus Zürich verlor – oder umgekehrt, und nun ist er mit ihr durchgebrannt, hierher, ins Geisterland, wo ihn keiner sucht. Flavia klettert unbeholfen über die Verschanzung dieses verlotterten Vergnügungsschiffes mit Piratenflair, verhakt sich hier und stößt sich da, alles zur Freude von Steve, der dieses Schauspiel verschlingt und immer wieder schaut, ob auch wir es alle sehen.

Steve hat einfach den Vogel abgeschossen auf dieser Welt, er ist der Winner, und er hat es geschafft, ohne Seekarte, ohne Lot, Log, GPS und all diesen Kram, ganz pur, nur mit Kompaß und Gefühl hierher zu verschwinden. Flavia hatte noch nicht einmal Zeit, die Haute Couture gegen etwas Schiffiges einzutauschen. Aber das ist es ja gerade, wer hat schon einen solch seltenen Vogel im Käfig? Flavia ist einfach süß. Jetzt legt sie ihre Elfenbeinarme um seinen stacheligen Hals, Steve lächelt stolz und verlegen zugleich, wollte doch irgendwas brüllen – ach, vergiß es.

Die Nacht wird lang, weil wir einfach nicht begreifen können, wie Steve, der absolut keine Ausrüstung und noch weniger Ahnung hat, von Rhodos hierhergekommen ist und dann auch noch im Tourismusgeschäft arbeitet, indem er brave gutgläubige Bürger auf das Meer hinausschippert. Außerdem wird dieser Mann plötzlich zu einem Kind, fängt an zu heulen, dann wird er zum Entertainer und holt ein Kofferradio, singt dazu und tanzt, elektrisiert die zahnlosen Männer, die lachen wieder und fangen an zu klatschen, und der Wirt kommt raus und tanzt mit und vergißt die Fische, bis das Öl brennt. Steve ist Pygmalion, ist geballte Energie,

Lust, Gier. Die Insel erbebt unter seinen Bewegungen und seinem Gesang. In Rhodos hätte man ihn jetzt behutsam eingefangen und in sein Bett gebracht zu seiner Frau und seinen sechs Kindern, hier aber ist er die Rettung der Insel – jedenfalls für diese Nacht.

Steve tanzt

Kekova

Wir haben Freundschaft geschlossen und segeln nun für etliche Tage zusammen: Niki aus Holland und Paul aus Bern mit dem Katamaran FRY, Steve und Flavia auf VIKING und ich. Steve hat Angst vor der Türkei, wir überreden ihn aber, trotz fehlender Papiere an dieser einsamen Küste Lykiens mit uns die Spuren der Vorfahren zu suchen.

Lykien war vor 2000 Jahren und länger dicht besiedelt. Städte wie Sidyma, Telmessus, Tlos, Patara, Pinara, Myra, Olympos und Phaselis hatten wunderschöne Paläste, Tempel, reiche Geschäftsstraßen und einen regen Handel mit der damals bekannten Welt. Viele Gebiete dort sind heute archäologisch völlig unerforscht und selbst für den Tourismus nicht erschlossen. Dazu gehört auch die Umgebung der Insel Kekova.

Unsere Flottille erreicht an einem warmen Nachmittag unter tiefblauem Himmel und schmeichelnder Brise die Bucht Ucagiz, wo wir unweit der kleinen gleichnamigen Siedlung ankern und von Booten mit lachenden Mädchen umringt werden, die uns Ayran reichen und prächtige farbige Tücher verkaufen wollen. So stelle ich mir die Ankunft des Kolumbus auf San Salvador vor. Wir pullen an Land, um Frischwasser zu holen – es gibt jedoch keines, die Leute hier sind sehr arm, und selbst ihre Wasservorräte sind am Ende.

Aber wir bekommen Eier, Ziegenkäse, Früchte. Flavia kann sich dann eben mal nicht duschen, das heißt sich nicht von Steve mit der Gießkanne verwöhnen lassen.

Später wandern wir gemeinsam unter riesigen Olivenbäumen in ein Gebiet voller gewaltiger Sarkophage aus dem vierten Jahrhundert vor Christus. Alle sind der Gier der Nachkommen zum Opfer gefallen und aufgebrochen. Wir befinden uns in einer Nekropolis unbekannten Ausmaßes, die sich zumindest hinunterzieht bis ins Meer und hinüber nach Kekova. Im glasklaren Wasser schwebst du mit dem Boot auch über Straßen, Gassen, Treppen, versunkene Häuser und Gärten. Auch in römischer und in byzantinischer Zeit lebten hier Menschen und bauten weiter auf dem langsam versinkenden Land. Ganz Kekova ist übersät mit antiken Resten, aber auch voller Dornen und kaum zu betreten. Von der mittelalterlichen Burg aus schauen wir über diesen grünen Dschungel, aus dem die geschwungenen monolithischen Dächer der Sarkophage als markanteste Punkte aus den Trümmern herausragen. Einer steht mitten unter den Fischerbooten im Wasser – Toter unter Lebenden, Zeuge des Vergänglichen und beliebtes Motiv für türkische Touristikplakate.

Immer sind es die Gräber, die die Zeiten so hartnäckig überstehen. Menschen konnten und können sich mit dem Gedanken einfach nicht abfinden, daß all das wichtige Tun umsonst ist und sie selbst letztlich auch. Kekova ist für mich so wie Chichén Itzá in Amerika oder Angkor in Asien ein Ort in Europa, wo sich die Natur wieder etwas holt – hier durch Wasser, Dürre, Dornen – was sie, in ihren zeitlichen Dimensionen gedacht, für einen ganz kurzen Moment aus den Händen gegeben hatte. Das ist beruhigend, vor allem jetzt, in diesem Licht der untergehenden Sonne, in dem sich die Kontraste verstärken, die Inseln und Buchten, die tief unter uns und hinter uns liegen, noch einmal wie eine Karte aus dem Atlas Erinnerungen wecken. Wir stehen da, gebannt von diesem Bild und diesen Gedanken. Selbst Steve schaut nach Westen, Richtung Rhodos, und nicht auf Flavia, die inzwischen schwanger ist.

Bevor wir durch Oreganum und Rosmarin die alten Stufen hinuntersteigen, deklamiere ich auf englisch den Epilog:

> Columbus is dead now – the idea not yet.
> As cancer grows and kills itself
> humanity has spread
> and lost the gentle breathing
> which some call nature, others god.
> But this is only one part of infinity.

Herrscher

Kos

Es wird nicht gerne gesehen, von beiden Seiten, zwischen den Welten zu pendeln, das heißt zwischen Griechenland und der Türkei hin und her zu segeln. Die Behörden behindern das mit hohen Kosten für vorgeschriebene Zollpapiere. Auf Zypern gar geht man soweit, daß der griechische Teil drei Jahre off limits ist, wenn man einmal im türkischen war. Aber es gibt ja noch Tricks.

Ja, die Pendler zwischen den Welten, die Rastlosen, dieses fahrende Volk, das sich nicht binden, keine Verantwortung übernehmen, für nichts eintreten und für keine Sache kämpfen will. Hubert regt sich irgendwie furchtbar auf, und seine Frau Irmgard nickt kräftig dazu und sagt, daß Hubert es endlich mal deutlich sagen soll: »Schmarotzer an der Gesellschaft seid ihr!«, schreit er und wird rot im Gesicht, »ihr könnt euch das nur leisten, weil ihr euch in Deutschland sattgemacht habt, nirgendwo auf der Welt kann man das nämlich so leicht und einfach, oder vielleicht kriegt ihr die Kohle auch noch von einem Luxemburger Konto, oder die Verwandten bezahlen, vielleicht sogar die Sozialhilfe!«

Hubert trinkt den Ouzo mit immer weniger Wasser und ist jetzt richtig gut drauf und in Fahrt, weil ihm plötzlich alles einfällt, was ihn schon immer geärgert hat und was ihn und Deutschland zu ruinieren droht. »Ja klar, auf krank habt ihr gemimt oder auf Psycho, seid Frührentner geworden, diese Saubande hat es geschafft, sich durch die schlaffen Ämter zu tricksen, alles Beamtenärsche, denen es sowieso egal ist und die selbst von der vorzeitigen Pensionierung träumen!«

Hubert verbringt mit seiner Frau den wohlverdienten Urlaub in einem guten Hotel auf Kos, beide haben den Reiseführer gelesen und die kulturhistorisch bedeutenden Stellen »gemacht«, sie halten sich mittels Weltempfänger und einer deutschen Zeitung, die man hier Gott sei Dank bekommen kann, auf dem laufenden. Nach dem Abendessen im Hotel (Halbpension, damit man tagsüber flexibel ist) haben sie sich heute in eine Taverne gesetzt, um Kontakt zum Leben der Einheimischen zu bekommen. Dabei treffen sie auf Birgit und Brigitte, zwei blonde Frauen um die vierzig, die sich wie Einheimische gebärden und es auch mittlerweile sind, wie sich allmählich herausstellt. Sie haben nämlich vor zwei Jahren gemeinsam Deutschland und ihre Männer verlassen und hier ein Haus gekauft, leben jetzt wohl in Freuden und ohne Heimweh. Hubert interessiert sich inzwischen nicht mehr für Griechen, sondern für diese Frauen. Später kommen noch einige Yachties hinzu, die Hubert mißbilligend schon mit seinem Fernglas vom Strand aus vor Anker liegen gesehen hat. Ob die wohl ihre Toiletten ins Meer abpumpen?

Es kommt also über die Toilettenfrage zur Auseinandersetzung mit John, der meint, das wäre alles Natur und somit

Fest

gesünder als die Chemie, die hier in Griechenland wegen fehlendem Umweltbewußtsein und lascher Gesetze ungeklärt ins Meer gehe. Die schöne heile Welt hier sei nur ein Urlaubsklischee – in Wirklichkeit steuere das ärmste Land der EU auf eine wirtschaftliche Katastrophe zu. Saubere Umwelt könnten sich nur Reiche leisten. Überall in der Welt, wo viele sehr arme Menschen ums Überleben kämpfen, leide die Natur. Gewalt sei an der Tagesordnung, auch gegen Kinder, Frauen, Tiere. John sagt, er sei in einer tierliebenden Familie aufgewachsen und könne den Anblick geschundener Tiere nicht ertragen. Birgit stimmt zu, meint aber, daß die griechischen Männer noch eine Frau auf Händen tragen würden, das wären noch richtige Männer. Außerdem sei das Leben hier einfacher und natürlicher, schlicht herzlicher. Hier könne man sogar noch Spaß daran haben, Kinder großzuziehen. In D'dorf hätten selbst die Kids schon Stress. Sie hätte als Bankkauffrau einen bestimmten Umsatz machen müssen, ohne Rücksicht auf eine optimale Beratung – das habe sie nicht mehr ausgehalten. Überall in ihrem Freundeskreis gehe es nur noch um Karriere und Geld. Daran sei die Ehe gescheitert. Sie habe sich deshalb nun ausgeklinkt. Hier könne man mit einem Minimum an Geld ein unbeschwertes und ehrliches Leben führen.

Ich weiß nicht, ob das alles so ehrlich ist, was sie da sagt, oder ob nicht vielleicht der Wein auch zur Glückseligkeit beiträgt, jedenfalls haben ihre Augen einen wunderbaren Glanz, ihr Gesicht ist völlig entspannt und trägt jenes archaische Lächeln, das wir von den Statuen kennen. Ist das jene Wahrheit, jene Vollkommenheit, die bereits in der griechischen Antike ersehnt wurde?

Hubert hingegen ist zerknirscht und meint, daß Deutschland auch dieses Land aus dem Dreck ziehen wird und daß eben nur harte Arbeit Wachstum und Fortschritt bringt. Fortschritt bringt Reichtum, sagt Hubert, und Reichtum bringt Toleranz, Emanzipation und letztlich auch die Erhaltung des natürlichen Umraums. »Natürlicher Umraum«, wiederhole ich, »das hört sich so an, als ob die Natur um dich herum ist und nicht in dir, du hast sie ausgeschlossen, dich entfremdet, obgleich du doch ein Teil davon bist.« Aber Hubert kontert, er sei glücklich und erfüllt, ja geradezu beseelt von seiner Aufgabe zu Hause, er müsse eben nur mal ausspannen, Urlaub machen, Kraft tanken, mal was anderes sehen, über den Tellerrand schauen, und dann aber ran, mit frischem Wind! Irmgard ist stolz auf das Geschäft, ganz im Familienbesitz, ihre Kinder, jawohl, sie hätten Kinder, also ihre Söhne würden sich hervorragend einarbeiten, und sie hätten auch anderen Arbeit und Brot gegeben, ja, es macht Freude, Verantwortung zu übernehmen und den Betrieb wachsen zu sehen. Sie könnten eines Tages auf ein erfolgreiches und erfülltes Leben zurückblicken.

In dieser Nacht taumele ich über die Gangway an Bord und falle sofort in einen tiefen Schlaf. Am nächsten Morgen ist der Himmel grau, ein stürmischer Wind treibt mich über eine bleierne See nach Bodrum.

Einige Tage später wird SAKURA von kräftigen türkischen Männern über eine Seilwinde mit einem Schlitten über den Strand aus dem Wasser gezogen, wie vor 2000 Jahren: Winterlager. Mit dem Bus fahre ich durch eine verregnete, kalte Türkei, finde auf dem riesigen Busbahnhof Istanbuls im Menschengewühl, aufgeweicht durch Pfützen und Matsch, einen Bus, der mich weiterbringt durch das tiefverschneite Bulgarien, wo nachts vermummte Gestalten an die Fenster klopfen und Honiggläser und Beutel mit Nüssen hochhalten und verzweifelt winken. Nach zwei Tagen bin ich in München – im heiligabendlichen Lichterglanz.

Kos

Santorin

Über die Kykladen ist viel und begeistert geschrieben worden. Jede dieser Inseln ist eine besondere Welt. Irgendwann hat man seine Insel gefunden, sozusagen das Pendant zur eigenen Persönlichkeit. So wie du dann diese Insel erwanderst, von einem erhöhten Punkt aus überschaust, sie erkennst und begreifst, so begreifst du auch etwas von dir selbst. Aber wer hat schon die Zeit und die Gelegenheit, alle Inseln kennenzulernen? Wer nimmt sich schon die Zeit, sich selbst zu erforschen?

Die griechischen Inseln werden fast alle von Fähren bedient. Im Sommer sind diese Fähren übervoll von jungen Leuten, die »Island-hopping« machen, sich untereinander kennenlernen, gemeinsam die Inseln erleben, sich verlieben. Manche Inseln, wie Rhodos, Kos, Samos im Dodekanes oder Naxos in den Kykladen, sind groß, vielfältig, üppig und laut, andere dagegen sind so einsam, still und verzaubert, daß man sich scheut, ihre Namen preiszugeben. Treffpunkte sind hier die kleinen Häfen, der Anleger mit den zwei oder drei Tavernen dicht dabei. Hier sitzt du und schaust, wie das Leben hereinströmt und wieder hinausflutet, und hier machen auch einige Yachten fest. Allen Inseln gemeinsam ist das gleißende Licht, das grelle Weiß auf kalkigem Fels, durchsetzt vom staubigen Oliv der Dornen und unterlegt vom Tiefblau des Meeres.

Fast schwarz ist das Meer im Krater von Santorin. Fahrtensegler meiden diese Insel, da es keine Möglichkeiten zum Festmachen oder zum Ankern gibt. Ich habe das Glück, da es noch zeitiges Frühjahr ist, an der Pier liegen zu dürfen, wo sonst die Tender der Kreuzfahrtschiffe anlegen. Allerdings ist das nur für einige Stunden erlaubt. Es reicht, um diesen berühmten Blick vom Kraterrand und den Mauern von Thira zu genießen, den Blick über diesen explodierten und versunkenen Vulkan, auf dem vielleicht einmal die Bewohner von Atlantis tanzten. Daß hier Menschen lebten und bei der Katastrophe um 1525 v. Chr. ihr Ende fanden und mit ihnen die gesamte minoische Kultur auf Kreta, beweisen etliche Ausgrabungen. Der letzte kleinere Ausbruch war 1956.

Und während ich nun von hier oben hinab in den mit schwarzem Wasser gefüllten Kessel schaue und auf die zerbrechlichen Boote auf der dunklen Wasserfläche, die Last auf den bedauernswerten Maultieren spüre, die von den Treibern die schmale Serpentine hinaufgehetzt werden, hier hinauf zum Licht und zum bunten Treiben in den Cafés und den Souvenirläden, da wird mir klar, wie dicht Leben und Tod zusammenliegen, daß wir auf der Schale des Todes auf Ewigkeit hoffen, uns im Wunsch nach Schönheit, Spiel und Lust erschöpfen. Natürlich ist sich auch der einsame Segler der Allgegenwart des Todes stärker bewußt als die Menschen an Land, und deshalb lebt er intensiver sein Hier und Jetzt, nimmt jeden Augenblick wahr als eine Perle des Glücks. Auf Santorin aber steigert sich dieses Bewußtsein gleichsam zum Höhepunkt. Hier oben ist das Licht heller als anderswo, hier sind die Farben leuchtender und eindringlicher als irgendwo sonst auf der Welt. Immer mal wieder in den Gassen, den Tavernen und Läden fällt dein Blick auf den Abgrund.

In sinkender Sonne hebt sich Nea Kameni in der Ferne, in der Mitte des Kraters, noch dunkler und bedrohlicher ab, schwarzer Basalt über dem grummelnden Herz des Todes. Ich steige hinunter, um mit SAKURA an Nea Kameni vorbei den Krater nach Westen hin zu verlassen, die Nacht hindurch zu segeln, nach Milos. Heftige Fallwinde treffen fast senkrecht auf die Wasserfläche und machen das Segeln zu einem Veitstanz. Der Wetterbericht ist auch nicht ermutigend. Am liebsten möchte ich mich doch in einer Bucht verkriechen, aber das ist nun ausgerechnet hier nicht möglich. Oder doch? Welcher Zauber hat mich in den Bann geschlagen und treibt mich so langsam und ganz dicht an die schwarzen Basaltsplitter von Nea Kameni heran? Plötzlich öffnet sich ein enger Schlauch an der windabgewandten Westseite. So selbstverständlich, als wäre ich hier zu Hause, schleiche ich im Schneckentempo an Unterwasserklippen vorbei hinein in diesen etwa zehn Meter breiten Schlund, bis ich im klaren Wasser in geringer Tiefe einen roten Grund sehe, aus dem Blasen aufsteigen. Ich bin in jeder Beziehung gefangen: umgeben von steilen, messerscharfen Bergen aus Basaltsplittern, die über mir zusammenstürzen wollen, darüber hinwegjagende Wolkenfetzen, bin umringt von schwimmenden Felsbrocken aus Bimsstein und getragen

Totenlege

vom Atem der Erde, den Schwefeldämpfen, die aus dem warmen Wasser blubbern, bin gepackt von der Faszination von Ursprung und Untergang. Hier also ist der Nabel der Welt, hier entstehen aus Feuer und Wasser die Elemente, hier brodelt die Ur-Substanz. Ich bin der Auserwählte, der das hier sehen darf, der zum Ursprung zurückkehren darf. Meine Seele wird eins mit der Materie, die Zeit ist aufgehoben, ich treibe in Unendlichkeit und Ewigkeit.

Sind es die Schwefeldämpfe, die meine Beine zittern lassen? Warum wird SAKURAS Haut nicht von den Basaltsplittern aufgeschlitzt? Benommen und rein mechanisch bringe ich vier Leinen aus, hänge SAKURA in ein Spinnennetz und verbringe eine Nacht mit aufgerissenen Augen, gebannt, gelähmt, voller Visionen. Immer wieder drücken Böen frische Luft in den Schlund, so daß ich nicht ersticke und das Morgengrauen erlebe, benommen die Leinen loswerfe und entlassen bin. Dem Dunkel entronnen, wärmt nun eine Sonne, heller als je zuvor, und eine zarte Brise trägt uns nach Westen hinaus aus der weiten Krateröffnung. Nirgendwo ein Segel, ein Schiff, ein Fischerboot. Ich bin allein, neu geboren.

Traumfrauen

Die Nacht verbringe ich noch einmal in einer stillen Bucht an der Festlandküste neben der Mündung des Thiamis. Ich ahne, daß die faszinierende erste Etappe dieser Reise vorbeigeht. Korfu ist das große Ziel. Am späten Vormittag liegt der gewaltige Festungsfelsen vor mir im Dunst. Ich spüre Unsicherheit und Unbehagen vor diesem neuen Leben, diesem Koloß menschlicher Zusammenballung, ich fürchte das Drängeln, den Lärm, die Hetze, Gier, Drangsal, Leidenschaft. Aber da ist auch jene Sehnsucht nach heimatlichem Kontakt, das Telefon, die Post, und da ist dieses zarte Verlangen ganz tief im Verborgenen, das immer dann besonders schmerzhaft quälte, wenn ich unvergeßlich Schönes erlebte: das Verlangen, dies mitzuteilen, gemeinsam zu erleben, das Verlangen nach Bestätigung des Glücks.

Korfu ist vielleicht das Gefäß, daraus die Traumfrau zu fischen, von der sie alle schwärmen, jene einsamen Einhandsegler, jene Mönche, die immer allein sind, wenn sie ihre Kicks haben. Der alte Hafen ist voll mit solchen »Salty Dogs«.

Wir liegen da im Päckchen dicht an dicht im gelblichen Brackwasser nahe den Kloaken der Stadt, die hier ihren Ursprung hat, sich von hier auftürmt und erhebt über die Felsen und hinauf über die Hügel, hinein in die grüne Insel. Es stinkt, qualmt und lärmt herüber, Wäsche weht über Dächern, buntes Leben. Neben mir liegt Martin aus den USA mit seiner uralten verrosteten Sloop SALTY DAWG. Er hat beinahe die Hälfte seiner 69 Jahre auf diesem Boot verbracht. Jetzt müssen beide gegen den ständigen Verfall ankämpfen, wobei diesmal das Fleisch über den Stahl zu siegen scheint. Martin ist gelenkig, fast katzenhaft, kleine lebendige wasserblaue Augen blitzen aus einem weißbärtigen Gesicht. Er ist eigenwillig, schläfrig wie ein Kater, völlig verstrickt in die aussichtslose Rettungsaktion an seinem Schiff, das diesen Hafen wohl nie mehr verlassen wird, und immer irgendwie rallig. Deshalb begleite ich ihn abends auf seinen Beutezügen. Wir schleichen durch dunkle Gassen der Altstadt, tauchen ein in das Licht und die Melodien der quirligen Plätze. Hier sitzen wir in einer Bar unter Arkaden, der Rotwein glüht in den Adern, und Mädchen schaukeln vorbei, Mädchen aus Schweden und Italien, Griechinnen und Albanerinnen, Models und hungrige Hausfrauen, verliebte und schmachtende. Dolly, eine pechschwarze Jamaikanerin, grüßt mit Küßchen, zeigt ihre perfekten Zahnreihen, setzt sich zu uns – ein Metaxa bitte – und erzählt wieder von ihrer unglaublichen Lebensgeschichte, ihren Schicksalsschlägen und diesen Typen, die ihr alles mögliche angetan haben und antun werden, weil sie so naiv und anständig ist und weil sie einen solch knackigen Po hat und wunderschöne, konische Brüste.

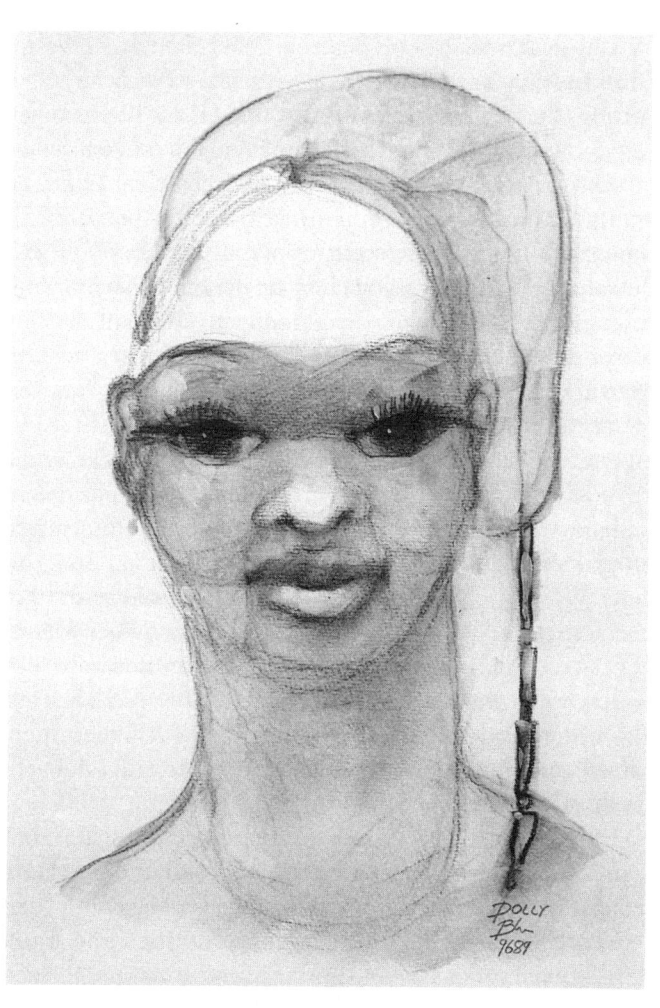

Dolly

Martin schwärmt von Martha, einer damals siebzehn-
jährigen blonden Schönheit, die vor Jahren in der Karibik
bei ihm an Bord lebte, weil sie von zu Hause ausgerissen
war. Sie war seine Traumfrau, sie brachte ihn und das Schiff
in Schwung, sie war stark, mutig, voller verrückter Ideen, sie
konnte Tränen lachen, ihn leidenschaftlich lieben und fer-
tigmachen, sie konnte in entscheidenden Momenten mit
ihm still sein, weil sie plötzlich beide in tiefem Einverständ-
nis ein großes Erlebnis in sich aufnahmen: vielleicht nur eine
Melodie aus dem Radio in jener Snack-Bude am Strand nach
dem Gewitter oder der erste morgendliche Anblick von
St. Lucia bei Anlaufen. Aber Martha war auch eine Katze,
eine streunende Wildkatze, die manchmal eben nicht an
Bord zurückkam, die ihn furchtbar verletzte und ihn nicht
schlafen ließ, weil er zu viele Erwartungen und Hoffnungen
mit ihr verband. Zuletzt sah er ihre schlanke Gestalt auf
einer weißen Megayacht, sie schaute herüber und winkte keß
und lächelte so versöhnlich, wie ihm schien, daß er alles zu
verstehen glaubte, ihr nicht böse sein konnte, wußte, daß
sie ihn nicht vergessen und ihn immer in ihrem Herzen tragen würde. Das gab ihm die Kraft, auch wieder alleine dem
Leben etwas abzugewinnen, Kurs auf Europa zu nehmen
und die Karibik und Martha hinter sich zu lassen.

Viele sommerliche Wochen vergehen in Korfu. Der stin-
kende, aber kostenlose Hafen ist eine Keimzelle des Lebens.
Ich treffe alte Bekannte, gewinne neue Freunde, selten wurde eine Stadt so schnell zur Heimat. Der Tag beginnt mit
dem üblichen Schauspiel: Frühstück im Cockpit mit frischem Brot, duftenden Tomaten, Tee – irgendein Frühaufsteher nebenan hat für alle eingekauft. Überall auf den

Nachbaryachten rumort es jetzt, man blinzelt in die grelle, noch kühle Sonne, schnuppert nach der Windrichtung, schaut in das Hafenrund und auf die ockergelbe, verschachtelte Stadt dahinter, die Sonnenflecken und Schatten, die die Zeit verraten. Bevor die Sonne brutal zuschlägt und das kochende Leben in den Gassen verdunsten läßt, steige ich mit meinen Aquarellsachen die Treppen hinauf, erreiche hinter den Torbögen die glänzenden Kopfsteinpflaster, die Cafés, zwänge mich durch den Gemüsemarkt und finde bald einen Platz, ein Juwel aus alten Mauern und Blumen im Licht, einen Platz, der mich gefangennimmt. Bald streicht der Pinsel flott über das Papier, ich lasse die Zwänge des Abbildens und Dokumentierens hinter mir und versuche besessen, auf mein Herz zu hören, das für diesen Ort schlägt. Das gehört jetzt mir, dieses Schauspiel des Lichts, des Lebens, ein Ort, der von seiner Geschichte erzählt, von denen, die hier unsichtbare Spuren hinterlassen haben, wo sich jetzt gerade eine Katze räkelt oder eine alte Frau, die ihre Plastiktüte abstellt und eine Pause macht. Ich bin allein mit diesem Ort, diesem Augenblick, ich will ihn einfangen, will ihn mitteilen, also male ich. Vielleicht wird es diesmal das Bild, das den anderen da draußen zeigt, was ich erlebt habe, das auch in deren Herzen eine Welt strömen läßt, die noch heil ist.

Endlich scheint mein Traum in Erfüllung zu gehen: Jutta kommt. Ich traf sie auf der Fähre nach Ancona, wir spürten so etwas wie Gleichklang und hatten Lust auf die Sphäre des anderen, glaubten an Zärtlichkeit, Gemeinsamkeit. Jutta entschließt sich, nach Korfu zu fliegen und mit mir an Bord zu leben. Ich habe es also geschafft. Dieser Augenblick des Triumphs, mit Jutta unter den Augen aller über die Yachten zu steigen, ihr Gepäck zu tragen, ihr die Hand zu reichen, dieser schlanken, großen Blonden aus Bayern herüberzuhelfen auf Sakura, ihrem neuen Zuhause, dieser Augenblick entfernt mich zugleich auch von meinen Kumpels, denn jetzt gibt es ein neues Wir und die Anderen.

Voller Stolz zeige ich Jutta ihre neue Umgebung, gebe ihr einige Einblicke in eine andere Art zu leben. Dann zeige ich ihr Korfu, all die Stellen, die ich mir für uns vorgenommen habe, an denen ich mir ihre Freude und ihre staunenden Augen vorgestellt habe. Jetzt muß ich alles nachholen, was ich damals vermißt habe, jetzt kann ich alles noch einmal erleben, mit ihr gemeinsam, jetzt erst richtig. Aber Jutta macht nach einer Weile nicht mehr mit, sie hat hier was gesehen und dort, sie möchte nicht noch mal durch den Markt, sondern lieber in den Park oder überhaupt mal ganz alleine mit sich sein. In den kommenden Tagen reiben sich unsere individuellen Interessen, obgleich mit viel Diplomatie und Rücksicht geschmiert. Die anfängliche Euphorie weicht einer pragmatischeren Strategie des Zusammenlebens auf engstem Raum. Wir fühlen uns stark genug, die Herausforderung anzunehmen, und bereiten uns auf den gemeinsamen Aufbruch vor. Sakura wird verproviantiert und für den Törn weiter nach Westen, nach Italien, vorbereitet. Korfu ist schon nicht mehr Griechenland und beinahe Italien. Ab hier beginnt ein völlig neuer Reiseabschnitt mit Sakura, am unteren Rocksaum der mitteleuropäischen Heimat.

Jutta und ich erleben die Schokoladenseite des Segelns. Wir gehen durch die Enge zwischen Korfu und Albanien, das eben erst die Freiheit bekommen hat. Die Grenzen sind offen, viele sehr arme Menschen erreichen irgendwie dieses verlockende Korfu, suchen nach irgendeiner Arbeit, schlafen im Park, werden eingesammelt und wieder abgeschoben. In dieser Meerenge, die Arm und Reich trennt, liegt ein albanisches Kriegsschiff und verhindert die kopflose Flucht der Bauern und den Ausverkauf des Landes. Mit einigem Abstand passieren wir dieses graue Monstrum, auf dem sich niemand zeigt, von dem niemand grüßt.

Draußen jedoch, Richtung Errikousa, passieren wir ganz dicht einen erbärmlich heruntergekommenen Fischdampfer, der dort treibt und Fische verarbeitet. Die Albaner geraten außer sich vor Kontaktfreude und halten irgend etwas hoch und drängen uns, längsseits zu kommen; wir trauen uns nicht, haben Angst vor einem solch intensiven Kontakt zu einer Welt, die bisher verschlossen und verboten war. Wir haben uns jetzt selbst, und wir segeln die Schokoladenseite ab. Das warme, glasklare Meer strömt durch unsere Herzen und öffnet sie weit. Außerdem liegen Trauminseln vor uns, Errikousa und Othonoi und dann später Italien.

Errikousa ist das Liebesnest für uns, denn die Insel gehört ganz und gar uns, die Pfade unter den duftenden Bäumen gehen wir eng umschlungen, wir riechen, schmecken die Früchte, lauschen seltsamen Vögeln, und wir sehen unten in der Bucht am Strand unser Heim, ein weißes Ei auf blauem Grund. So war das mal mit Adam und Eva. Und der Baum der Erkenntnis? Die verbotenen Früchte? Der Sündenfall? Ja, Errikousa war für unsere Liebe der Paradiesgarten. Danach wachsen Dornen. Aber warum?

Wir segeln nach Leuca, Italien, bestehen schweres Wetter. Ich bewundere Juttas Durchhaltevermögen, ihre – ja –

Lust an der See. Wir lernen Peter kennen, der auf unserer gemeinsamen Fahrt nach Süden entlang der Küste einen halbertrunkenen Taucher aus dem Meer fischt, wir essen und feiern gemeinsam, aber Jutta geht zunehmend allein an Land, will alleine sein. Mangelnde Kooperation bei Schiffsbelangen werfe ich ihr vor, aber das ist nur vorgeschoben. Jutta ist in der psychologischen Terminologie bewandert und irgendwie sensibel für Esoterisches. Sie hält mir Spiegel vor, bringt mich dazu, mein Verhalten stärker als bisher zu reflektieren. Unsere Gemeinsamkeit ist zu einem kritischen Bewußtsein unser selbst geworden, und das erwürgt mich, denn ich komme ins Stolpern wie jener Tausendfüßler, der auf einmal über den wunderbaren Gleichschritt seiner Beine nachdenkt. Die Enge der Yacht und eine unklare Zukunft lassen uns jedesmal abends nach dem Festmachen oder Ankern auseinanderstieben, um Luft zu holen. Ich kann es nicht begreifen, eine Traumfrau an Bord zu haben, um sie dann zu fliehen.

Wir dümpeln in der Straße von Messina auf spiegelglatter See, am Horizont im Dunst der Mittagshitze liegt Taormina, unser Ziel für den Abend. Unsere Stimmung ist unten. Splitternackt und abweisend schleichen wir umher, kein Kühlschrank, kein kaltes Bier, kein liebes Wort. Jutta klettert trotz meiner Warnung über die Badeleiter und läßt sich ins Meer plumpsen. Ich werfe ihr eine Leine zu, die sie endlich lasch festhält. Sie schwimmt etwas weg und einmal um das Boot, strampelt heftig mit den Beinen, schwimmt noch einmal um das Boot. Ich stehe da und bewundere diese rosige Gestalt, die anmutig durch das tiefblaue Wasser schwebt. Ich bin es nicht allein, der da schaut, denn plötzlich sehe ich

Martin

dichtbei eine Haifischflosse über der Wasseroberfläche, und gerade als Jutta fröhlich quiekend dem Naß entsteigt, zieht ein schwarzes Monstrum langsam vorbei. Ich verberge meinen Schock und übergieße Jutta mit warmem Frischwasser aus einem Sonnenbeutel. Ich habe es ihr bis heute nicht erzählt.

Taormina bedeutet für uns die Trennung. Obwohl wir in einem traumhaften Hafen liegen, neue Freunde finden, gemeinsam das antike Naxos besuchen, den berühmten Blick vom Theater oben in der Stadt genießen, obwohl wir eigentlich nur Schönes erleben, trennen wir uns. Es passiert beim Abendessen in einem Lokal. Wieder soll ich irgend etwas reflektieren, hinterfragen, analysieren. Ich schlage statt dessen die Trennung vor, sie ist einverstanden. Wir sind beide erlöst voneinander. Wir trinken Metaxa, reden unbeschwert, und zum erstenmal werden wieder Zärtlichkeiten möglich. Jutta ist plötzlich so begehrenswert, so weiblich und anschmiegsam. Wir erleben einen schönen gemeinsamen Abend, schlafen wieder miteinander, besprechen den Auszug von Bord, eine eventuelle Rückreise oder andere Möglichkeiten. Die letzten Tage mit Jutta sind geprägt von leidenschaftlicher Zu- und Abneigung. Ich bewundere diese Frau, die so selbstbewußt ihren Weg geht. Und so geht sie.

Es ist gräßlich, wie unbeschwert ich den Hafen verlasse, es ist schockierend, wie frei ich mich fühle und mit welchem Mut ich die Strömungen und Strudel der Charybdis durchkreuze und den Felsen von Scilla anliege! In jeder Beziehung entronnen! Jutta ist dort oben am Rand des Ätna, der jetzt im Abendlicht rot erglüht. Jutta geht ihren Weg, nimmt sich eine Wohnung in Cefalu, wie ich später erfahre, lebt und genießt dort sizilianisches »dolce far niente«.

Gabi und Giovanna

Ich verbringe einige Tage auf Vulcano, regeneriere meinen Körper im Schwefelschlamm und besuche das Tal der Monstren. Die Insel hat Hochsaison, und ich nehme teil am touristischen Amüsement. Etliche Höflichkeiten führen dazu, daß mir eine Mutter ihre Tochter anvertraut – zwecks gemeinsamer Unternehmungen: Vulkanbesteigung, Umsegeln der Insel, mehrtägiger Ausflug nach Lipari. Ich zeige mich von meiner edelsten Seite, verberge jegliches körperliche Verlangen nach dieser überaus jungen und hübschen Münchener Medizinerin aus gutem Hause. SAKURA ist aufgeräumt, geputzt, poliert, ich trage meine besten T-Shirts und weiße Hosen, lächle immerzu, erzähle von fernen Ländern, Abenteuern und antiken Ruinen. Wir essen im besten Lokal Liparis (»Fillipino«), gehen Hand in Hand zur Festung hinauf.

Nach einem gemütlichen Abend mit Rotwein an Bord, direkt an der Paradepier, der neidischen Blicke gewahr, kommt Gabi zu mir in die Vorschiffskoje, krabbelt ins Bett, gibt mir ein Gute-Nacht-Küßchen, lächelt, dreht sich um, schläft. Na klar, warum nicht, ich bin doch kein Lustmolch oder Playboy. Ich bin der Kapitän, habe Charisma und alles im Griff. Aber dann kommt doch irgendwann bei mir dieser untergründige Blick, und Gabi spürt meine Unruhe, meine Hilflosigkeit und Zerrissenheit. Ich bin dabei, meine Beherrschung zu verlieren. Ich kann nicht mehr unterscheiden, ob ich sie schon liebe oder noch »bloß« begehre, meine Gedanken überschlagen sich. Nein, Gabi ist nicht verheiratet, hat keinen Freund zu Hause, sie ist nicht krank und nicht lesbisch. Gabi ist einfach wundervoll, sie ist bildhübsch, intelligent, so zart und unschuldig, und dabei ist sie locker, lustig, aufgeweckt ...Und ich sehe Lipari nicht, das Meer nicht, rieche nichts und schmecke nichts – außerdem ist Gabi dabei zu packen. Ich begleite sie mechanisch zum Aliscafi, wir umarmen uns noch einmal, es war schön, sagt sie, danke für alles, kein Problem, sag ich, na dann – das Aliscafi braust davon, zerreißt brüllend die sanfte Haut des rotgetauchten warmen Meeres in mir.

Der Morgen weckt bereits mit heißen Sonnenstrahlen. Über der spiegelnden Fläche Dunst. Ich rieche das Meer, den faulenden Fisch im Hafen, rieche Teer und Diesel, rieche schwere Blüten darin und die Last eines alternden Sommers. Also dann, Leinen los und weg hier! Am Horizont im Dunst ein grauer Hügel, Panarea, das ist dein Ziel, das ist die Trauminsel, dort ist die Bucht, die dich endlich umfängt und hält, was sie verspricht. Auf der Seekarte habe ich noch nie eine derart verlockende Bucht gesehen: Cala Junco nahe am Südkap. Es ist eine fast kreisrunde Bucht mit enger Einfahrt zwischen steilen Felsen und einem breiten Strand, ebenfalls von Felsen abgeschirmt und kaum zugänglich. Im

Gabi

Handbuch wird diese Bucht als einsam und ausgesprochen sicher mit gutem Ankergrund beschrieben. Die Tiefenangaben verheißen verschiedene Blautöne, die fast senkrechten Klippen versprechen aufregende Tauchgänge, spannende Unterwasserwelten, schillernden Fischreichtum – vielleicht sogar Kraken, Seeschlangen, Drachen, die in Höhlen lauern. Nun sehe ich die Bucht in allen Einzelheiten, habe sie mir so eingeprägt, daß ich die Karte nicht mehr brauche.

Windstärke null, also Diesel anwerfen, Autohelm rein, mittlere Umdrehungen voraus und aufs Vorschiff legen, lesen, voraus schauen auf die Insel, ab und zu eine Pütz Wasser schöpfen und das heiße Deck und mich selbst begießen, das leise Vibrieren des Motors spüren, Beine im Bugkorb baumeln lassen, mich selbst im Meeresspiegel betrachten und der Bugwelle lauschen. Nirgendwo ist ein Schiff, eine Yacht, ein Fischer zu sehen. Nichts. Nicht einmal der Kondensstreifen eines Fliegers zeugt von menschlicher Existenz. Was ist los? Was ist passiert? Ich stelle das Radio trotzdem nicht an. Und Kanal 16? Der Not- und Abhörkanal? Der rauscht nur leise. Egal, jetzt muß ich erst mal was Herzhaftes essen. Da ist dieser herrliche Schinken, Weißbrot wird auf dem Gasherd getoastet, Butter, Grapefruitsaft, Tee, drei Eier, Ziegenkäse. Ein Blick in die milchige Weite da draußen – nichts. Panarea aber bekommt Formen. Meine Schatzinsel!

Aber wie das eben oft so ist: ich sitze da und kaue, greife nach dem Glas, da weht es in den Niedergang herunter. Also aufspringen und raus. Die silberne Spiegelfläche ist ein Waschbrett geworden, und im Osten bemerke ich ein weißes Band, Schaumkämme. Im Fernglas sieht das nach Windstärke 4 bis 5 aus. Schnell zu Ende frühstücken, Großsegel setzen, Rollgenua halb raus, Maschine auf langsam. Das Boot verliert an Fahrt, die Segel hören auf zu schlagen und gehen in Form. Jetzt kommt die Windfront, SAKURA knirscht und legt sich auf die Seite, Maschine aus, sanft rauschende Fahrt raumschots. Über mir türmen sich die Felsen von Panarea, Nadelspitzen schauen aus der Brandung und drohen jeder allzu großen Neugierde und Anhänglichkeit. Ich brause auf die Einfahrt zu, traue mich nicht gleich, mache eine Wende, um die Lage zu peilen, und dann durch! Im Augenblick ist der Wind weg, SAKURA treibt langsam Richtung Strand, fallen Anker.

Das Wasser ist so klar, daß ich schwimmend sehen kann, wie sich der Anker eingegraben hat, ich tauche unter den Rumpf, prüfe den Algenbewuchs, der ja in den heißen Schwefelquellen von Vulcano sterben sollte. Ja, und nun zum Strand, der entscheidenden Entdeckung: Ich bin nicht allein in dieser Bucht! Eine Perlenkette attraktiver weiblicher Gestalten räkelt sich auf dem weißen Sand, einige Frauen stehen nackt oder im raffinierten Badedress im seichten Wasser, binden die Haare zusammen, bedecken die Augen, schauen zu mir herüber – ich bin hier das einzige Boot, der einzige Besucher. Ist das überhaupt erlaubt? Was ist das für eine Insel? Gibt es das »Projekt Amazonen« im Europa des ausgehenden 20. Jahrhunderts? Ich schaue mit dem Fernglas heimlich aus dem Salonfenster hinüber, lasse die Schönheiten Revue passieren, zucke beim Anblick einiger Männer enttäuscht, aber doch irgendwie beruhigt zusammen. Eine dunkle Schöne mit pechschwarzer Sonnenbrille und riesigen Brüsten muß ich noch mal eingehender betrachten, wie sie da im Sand sitzt und liest und raucht und dann zu mir herüberblickt – ob sie ahnt, daß ich mein Fernglas auf sie richte? Elegant springe ich ins Wasser und schwimme hinüber, spaziere gelassen, aber freundlich durch die Gruppen hinauf zur prähistorischen Siedlung, um von hier aus eine der atemberaubendsten Landschaften der Welt zu erleben.

Als ich an den Strand zurückkehre, sind schon sehr viele der Nixen einen schmalen Pfad hinaufgeklettert und im Innern der Insel verschwunden. Die Dunkle aber ist noch da, und ihre Haut hat jetzt in der späten Sonne eine überaus verlockende Farbe angenommen. Sie lächelt, ich setze mich zu ihr und entdecke ein Seglermagazin auf ihren Schenkeln. Ein Wink des Himmels. Schnell habe ich ein Einstiegsthema gefunden, Giovanna zeigt Interesse an SAKURA, und so schwimmen wir denn beide hinüber.

Es gibt Tee, Plätzchen, dazu Klänge von »Dead can Dance«, eine super Klangkulisse für diese Situation in dieser Bucht, die nun uns alleine gehört. Die Felsen leuchten plötzlich rot auf, die Schatten werden lang und schwarz, wir ziehen uns ins Innere zurück, denn Giovanna in ihrem noch feuchten Badeanzug beginnt zu frieren. Ich zünde Kerzen an, wir kuscheln auf dem Sofa, vergessen die Zeit.

Ein heller Blitz erleuchtet zwei eng umschlungene Gestalten, der krachende Donner holt uns zurück in die Realität. Ich steige hinaus in die pechschwarze Nacht, aus der große Tropfen fallen. Dann prasselt ein gewaltiger Wolkenbruch herunter. Dort drüben am Strand liegen Giovannas Sachen: Kleider, Tasche, Magazine, Kamera. Ich hole das durchweichte Zeug mit dem Beiboot. Was nun? Giovanna erzählt was von einem Hotel, etwa eine Stunde von hier zu Fuß durch den Wald auf einem Pfad drüben hinter dem Berg in der Nähe des Anlegers und Fischereihafens. Dort gibt es gerade ein Abendessen, und Angelina, ihre Freundin, macht sich jetzt sicher große Sorgen.

Es bleibt mir nichts anderes übrig, ich muß das tun, was ich sonst nie wagen würde: bei diesem Wetter eine schützende Bucht verlassen, um mich an einer unbekannten Küste entlangzutasten. Also Diesel anwerfen, Scheinwerfer klarlegen, Echolot anschalten und auf 3-Meter-Warnung stellen. Anker auf. Ganz langsam lotse ich mich mit Scheinwerfer durch die Enge. Jetzt müßte ich eigentlich weit auf das Meer hinaus und dann im Bogen zurück zum Fischerhafen. Aber das hält auf. Es gibt auch einen Weg durch die Klippen. Im gespenstischen Licht der Blitze leuchtet für kurze Augenblicke die ganze Szenerie der Nadelfelsen. Ich fahre extrem langsam nach Kompaß und Echolot. Eine freie Fläche erlaubt höhere Geschwindigkeit, dann kommt wieder eine Gruppe mahnender Finger aus dem Meer, und wieder schleiche ich da durch. Wenn die Blitze nicht leuchten, führt der Lichtkegel des Scheinwerfers.

Das Echolot summt plötzlich: 50 cm unterm Kiel, ich erwarte den Stoß, gehe mit der Maschine rückwärts, doch schon nach Sekunden zeigt es wieder zwölf Meter an. Weiter geht's. Giovanna kommt eingehüllt nach oben, küßt mich zärtlich – irgendwie ist das alles wie im Kino, meine Angst weicht dem Gefühl, ein Held zu sein, ich bin sicher, jetzt einen der ganz großen Augenblicke zu erleben, die Männern manchmal vergönnt sind. Nach 45 Minuten bereits erscheinen vor uns die Lichter des kleinen Hafens, der Regen hat aufgehört, der Anker fällt unweit des Anlegers, und ich bringe Giovanna hinüber.

Um zwei Uhr nachts hole ich sie wieder an Bord, sie ist frisch gebadet, duftet nach Hotel und sieht aus wie eine große Dame – eben eine Dozentin an der Uni Rom. Sie erzählt lachend, daß Angelina schon die Carabinieri zur Bucht geschickt hat, da sich niemand ihr Fehlen beim Abendessen erklären konnte. Inzwischen sind auch meine Spaghetti Carbonara fertig, es gibt dazu Käse und Rotwein –, sicher nichts für ihren verwöhnten Gaumen, aber sie ißt mit großem Appetit.

Im Morgengrauen bringe ich Giovanna zurück, sie geht ins Hotel zum Packen, und kurze Zeit später braust wieder ein Aliscafi davon. Da stehen sie an der Reling, und sogar Angelina winkt einmal kurz herüber. Schneller und intensiver kann man eigentlich nicht leben. Während das Tragflächenboot als Punkt am Horizont verschwindet und seine gewaltige Heckwelle noch immer SAKURA und mich bewegt, versuche ich mir klarzumachen, daß wieder mal Glück und Schmerz ganz dicht beieinanderliegen. Aber der Schmerz ist vielleicht nicht groß genug, um unser Leben zu ändern, Konsequenzen zu ziehen, zusammenzubleiben. Vielleicht wird das die Zukunft ergeben. Jedenfalls hat mir Giovanna viel gezeigt, und ich habe sogar meinen verschütteten Aldi-Italienischkurs endlich mal »live« erproben können. Bis dahin wußte ich gar nicht, daß es Italiener gibt, die so sprechen können wie auf den Kassetten.

Am Strand

Cefalù

Cefalù, deine Steine sind Kristall gewordenes Empfinden deiner Bewohner, über Generationen hinweg voller Liebe zum Meer. Selten drängt sich eine Stadt so einladend an den Meeresrand, läßt sich die Fundamente von Salz umspülen und Gischt in die Fenster wehen. Die grauen Gassen erzittern unter der Brandung. Zwischen grünbemoosten Steinen in tiefen Gewölben sprudelt Quellwasser. Der Dom badet in gelbem Flutlicht, ist der ruhende Pol im brodelnden Leben des Platzes, ist Wegweiser für die Fischer da draußen, die hier zu Hause und geborgen sind. Die Stadt verändert sich nicht in modischen Kapriolen, sondern im Puls der Jahrhunderte, denn wer hier aufwächst und lebt, ist sich seiner Wurzeln bewußt, trägt einen alten Sinn in sich. Natur, Stadt und Menschen bilden eine Einheit. In Cefalù habe ich den Eindruck, angekommen zu sein, habe den Wunsch, endlich auszuruhen, für immer zu bleiben. Cefalù strahlt Liebe aus und ein Gefühl von Heimat.

Ich öffne die Tür zu einem Schreibwarenladen. Es ist dieselbe Tür, die ich damals 1958 in Münster ebenfalls zu ei-

Cefalù

Cefalù

nem Schreibwarenladen öffnete, als Kind, derselbe Geruch, dieselbe Theke, dahinter dieselbe blasse Frau, kurzsichtig, still, schüchtern. Diesmal kann sie keine Tinte abfüllen, heute gibt es nur noch fertige Gläser, ich schraube eines auf und rieche die blaue Flüssigkeit, schließe die Augen und bin wieder der Zehnjährige. Damals bedauerte ich diese zarte, alternde, eingesperrte Frau, für sie würde sich wohl nichts mehr ändern, ich aber kaufe Tinte, um was damit zu machen, einen Weg zu skizzieren, irgendwohin weiterzukommen. Jetzt sind über dreißig Jahre des Suchens vergangen, ich komme zurück, und die alte Frau steht immer noch hinter der Theke. Ich bin ein anderer geworden, sie ist die alte Frau aus Münster geblieben. Sie ist der Stein in der Brandung.

Palermo

Ich komme aus der Weite und Ruhe des Meeres, um es mal wieder mit einer Stadt zu versuchen. Aus dem abendlichen Hitzedunst der Conca d'Oro bilden sich die Kristalle der Stadt: Dome, Kräne, Kirchen, Wohnsilos, Paläste. Gleich hinter der Hafeneinfahrt tausche ich das Rauschen der Wellen mit dem Summen eines Bienenstocks. Vorbei an rostenden Wracks im Abendglühen, auf denen Angler sitzen wie Raben, vorbei an gähnenden Kloaken und verfallenen Marmortreppen gleite ich immer weiter hinein in diesen tiefen Hafenschlund, passiere elegante Motoryachten, auf denen weiße Jungs Messing putzen, und tauche ein in eine schattige Häuserschlucht. Der Anker versinkt im Schlamm, die Heckleinen befestige ich an riesigen Pollern, an denen zwei fette, blessierte Köter schlummern.

Nach dem Essen überquere ich todesmutig die Stadtautobahn, um mich plötzlich in einer nächtlichen stillen Straße zu finden, die scheinbar überhaupt kein Leben birgt. Aus dunklen Torbögen und Fensterlöchern fließt ein angenehm kühler Kellergeruch, der die Hitze des Tages verdrängt. Fischfäule und schimmelnde Apfelsinenschalen mischen sich mit den Geruchsspuren von Urin aus schwarzen Nischen – ist da nicht auch das Quieken von Ratten? Über mir hinter dem sechsten Stock ein Stück Nachthimmel – unerreichbar. Hier kauern schwarze Wesen, und drüben dringen dunkle Chimären aus einem Loch herauf. Ich gehe in der Mitte der Straße, die sich nun zur Gasse verengt. Jemand schaut auf meine Hosentaschen. Plötzlich wird mir klar, daß ich in der Vucceria bin, irgendwo habe ich davon gelesen, die Altstadt Palermos, die man zu Fuß nach Einbruch der Dunkelheit nicht betreten sollte. Jetzt ist es zu spät. Bloß nicht schneller gehen, das weckt den Zorn der Hunde. Besser mal stehenbleiben, Zigarette anzünden.

Im fahlen Licht einiger Laternen schimmert plötzlich die Kulisse vergangener Pracht, jetzt ein Zauberland der Gnome, Spinner, Könige der Bettler, der Propheten und Gestrandeten. An einer Laterne steht eine weißblonde männliche Gestalt, wir schauen uns erschrocken an. Ist er nicht ich – bin ich nicht er? Ich fliehe die Treppen hinauf auf den lauten Boulevard. Auf Umwegen schleiche ich zurück durch die Außenbezirke der Vucceria, verlasse die Elenden, die zehn Ermordeten, den Tribut einer jeden Nacht. Einer der fetten Köter empfängt mich am Hafen, erkennt mich, wedelt, zeigt mir, wie man Katzen jagt, begleitet mich zur Sakura, meiner Haut, meinem Ei, meiner Sicherheit.

Am nächsten Morgen muß ich beim Aufwachen erst mal die Umgebung abtasten, um festzustellen, daß ich noch auf meinem Boot bin. Die Stadtautobahn ist jetzt ein einziger hupender Stau, im Hafen heulen Motoren auf, Männerstimmen mit Operettenqualität prallen aufeinander. Über alles aber legen sich aus weiter Ferne gewaltige Glockenschläge, versöhnlich, festlich, an den Tod gemahnend. »Denn sie wissen nicht, was sie tun« und »laßt fahren sie dahin«.

Noch einmal besuche ich die Vucceria. Im grellen Morgenlicht zeigt sich das wahre Gesicht des Verfalls. Nirgends, weder in Singapur, Rio, Bombay noch Dresden, habe ich einen derartigen Untergang der einstigen Pracht gesehen. Karyatiden zerbrechen unter bröselnden Giebeln und Girlanden, Fenster glaslos, keine Sonne vermag in diese Höhlen zu dringen, Tod und Trauer zu verdrängen. Hier unten aber auf der Gasse schiebt sich die Menschenmasse durch einen Markt, so bunt und voller Überraschungen, so reichhaltig und verschwenderisch wie aus dem Schlaraffenland. Reich und arm gehen hier eine Symbiose ein, das Geschäft gelingt, die Gier gebiert phantastische Tricks, Hoffnung keimt und wird verführt, Macht zerrinnt aus welken Händen.

Ein kleiner Junge bietet sich an, erfahren, preiswert, satisfaction granted, sagt auf deutsch, ich wäre doch schon in der letzten Nacht hier gewesen. Hinter dem Boulevard nehme ich den Bus nach Monreale – er ist allerdings hier immer noch langsamer als ein Fußgänger. Schließlich liegt dieser Hexenkessel hinter mir, bleibt zurück im grellen Licht, das alles aufdeckt, die traurigen Reste der Villen in verwilderten Gärten, die nun Tankstellen weichen oder Betonskeletten, die wiederum als Bauruinen von Bretterbuden unterwandert werden, aus denen die Armut zäh nach außen dringt, kläfft, schreit, quäkt und lauert. Bis dann die Caterpillars und Bulldozers alles plattmachen, Schneisen für den Verkehrsmoloch graben, dann plötzlich verschwinden und alles stehen lassen, bis die Hütten und Grabbelmärkte erneut in diese Lücke zurückschwappen. Zwischen Billigmärkten, unter Hochstraßen, schimmern Relikte einstiger Paläste als marode Zahnstümpfe, Tapetenreste winken von Mauern. Selbst die monotonen Wohnsilos werden in dieser Stadt von einem seltsamen bunten Schimmelpilz überwuchert, so daß sie tatsächlich dem Manifest Hundertwassers entsprechen und keine geraden Linien und rechten Winkel mehr aufweisen.

Der Held dieser Stadt ist der Mopedfahrer. Schneller als man zusammenzucken kann, knattert er durch alle Ritzen, in seiner schwarzen Brille sieht er nur sich selbst. Endlich drückt mich der Touristenstrom zum Benediktinerkloster durch das Portal der Kirche hinein in das Dunkel einer numinosen Stille, voller Weihrauch und heiligem Schauern, das »Theatrum Sacrum« überwältigt mich, bis sich die Augen an die Dunkelheit gewöhnen und das Gold der Mosaiken aufleuchtet. Die religiöse Erfahrung wird inszeniert, alle Register sind gezogen: die Zeugen einer respektablen Vergangenheit, Fundamente aus Schmerz, Blut und Tod, gerettet und hineingetragen ins Jetzt, Märtyrerreliquien, nichts ist vergebens, dir ist vergeben deine Sünde, deine Armseligkeit, deine Hinfälligkeit, du bist Teil dieser gewaltigen Mutter Kirche, du kannst dich daran klammern und auch fallenlassen, du wirst aufgehoben und getragen, deine Sterblichkeit wird Ewigkeit, du wirst erlöst werden, und du wirst gerichtet werden. Die Augen des Pantokrators ziehen dich in den Bann. Du willst ja seine Macht, seine Verantwortung für die absurde großartige Schöpfung. Du sollst ihm folgen im Glauben, so hast du ihn gemacht.

Mein Vater war hier im Krieg, hat ganz in der Nähe ge-
wohnt, ein Mädchen gehabt und vielleicht einen Sohn?

»Palermo ist schmutzig und märchenhaft wie der Zug aus
einer Haschischpfeife« (arabischer Dichter des 14. Jahrhunderts).

Palermo

Einssein

Ich bin allein auf meinem Boot, allein mit mir, dem Meer, dem Himmel. Ich achte auf jede Veränderung, sehe die Wolke, wie sie schwillt, sehe die Richtung der Wellenkämme, spüre, wie SAKURA die See nimmt. Immer wieder passe ich die Segel den sich verändernden Bedingungen an, ich habe ja Zeit, habe alles im Griff. Mir ist bewußt, daß jeden Moment irgendwas passieren kann, niemand ist in der Nähe, kein Schiff, kein Segel. Vielleicht rutsche ich aus, falle außenbords ohne Sicherheitsleine, oder der Knoten dieser Leine löst sich gerade in dem Moment, als ich die Badeleiter ergreifen will. Mit Autohelm wartet SAKURA nicht auf mich.

Wie gewaltig sind diese Wassermassen, was geht unter mir vor in diesen Tiefen? Wie wird der Wind sich drehen? Ein wenig von dieser Energie nehme ich mir, einfach mit etwas Gewebe, etwas Nylon, Draht, und ein Kiel als Gegendruck. Dazwischen quetscht sich das Boot wie eine feuchte Linse hinaus und immer weiter voran. Das Boot ist dicht, alle Teile sind in gutem Zustand, Ersatzteile vorhanden.

Nichts ist hier unmöglich, ich bin jeder Situation gewachsen, irgendwie kann man sich immer helfen. Ich habe von einem Segler gehört, der aus einem Nagel eine Schraube geformt hat. Irgendwie schafft man es immer, es ist eine Frage der Zeit, der Geduld. Man hat sich auf die totale Unabhängigkeit eingestellt, die besondere Situation des einzelnen auf See zwingt zur Umsicht, zum Vorbereitetsein. Es ist erstaunlich, welche Gefahren angedacht und durchgespielt werden und wie man sich darauf einstellt. Der Landmensch verläßt sich auf die Hilfe anderer und auf das unerschöpfliche Angebot seines Umfeldes. Wenn etwas passiert, zieht er erst Informationen ein und reagiert dann, wobei er noch zwischen vielen Möglichkeiten entscheiden kann. Der Fahrtensegler kennt sein Boot in- und auswendig, weiß genau, wo jedes Teil liegt, wie es liegt, ob es bei schlechtem Wetter sicher liegt. Er sinniert über die Ordnung im Boot, ob sie sich wirklich in jeder Situation als reibungslos erweist. Bei dem geringsten Stottern der Perfektion werden Verbesserungen des Systems fällig. Der Segler und sein Boot bilden eine organische Einheit, das Boot ist ein gesunder Organismus, er kennt sein Verhalten, seine Stärken und Schwächen. Auf engstem Raum ein Maximum an Effektivität. Man kann nicht alles haben. Mehr Platz an Bord bedeutet mehr Raum, mehr Gewicht, größere Segelfläche, aufwendigere Technik, härtere Arbeit, geringere Manövrierbarkeit. Mit einem tiefgehenden Schiff kann man eben nicht so weit bis in die verschwiegensten Winkel einer paradiesischen Bucht vordringen. Eine Dusche an Bord bedeutet wesentlich größere Wassertanks, häufigeres Anlaufen von entsprechend ausgerüsteten Wasserstellen. Man kann dann nicht mal eben mit dem Beiboot und einigen Kanistern zu einer Quelle oder zur Moschee in Bodrum. Ein Langkieler zieht angenehm geradlinig seinen eingeschlagenen Weg durchs Wasser, ist aber nicht so wendig wie ein Flossenkieler. SAKURA hat seitlich versetzt zwei Kiele, kann also im Wattenmeer trockenfallen, ohne umzukippen, hat deswegen auch weniger Tiefgang, kann aber dafür nicht so viel Höhe am Wind anliegen, ist beim Kreuzen darum langsamer.

Fahrtensegler bevorzugen im allgemeinen bequeme Schiffe auf Kosten der Performance. Sie segeln ja nicht auf Regatten und müssen auch nicht pünktlich im Übergabehafen sein wie die Charterurlauber. Sie warten auf den günstigen Wind, auf das richtige Wetter, so wie die Segler vor Hunderten von Jahren auch schon, sie haben Zeit, sie bejahen die Eigenheiten der Natur, lassen sich auf die Umstände ein. Fahrtensegler hängen mit fast libidinöser Intensität an ihrem Schiff, mit dem sie gute und schlechte Zeiten erlebt haben. Seeleute waren immer Männer und sind es auch heute noch meist – ihre Schiffe sind deshalb immer weiblich.

SAKURA hat mich im Sturm immer wieder überrascht, wie leicht sie riesige Wellen verdauen konnte, sie hat mir das Gefühl von Sicherheit gegeben. Sie ist überall mein Zuhause, mein Schneckenhaus, ob in Kekova, unter Palmen, im Regen, in Palermo, im Rhein-Rhone-Kanal zwischen den Enten – einfach überall. Wenn ich in den Straßen gehe, denke ich an sie, wenn ich in Deutschland bin, bei Freunden und Verwandten, denke ich an sie und warte auf den Augenblick, in dem ich wieder den Staub von ihren Rundungen wische, die Leinen loswerfe und allein mit ihr hinausfahre, um eins zu sein mit der Weite und mit ihr. Dieser weiße runde glatte Bauch ist ein Ei, ein Uterus, der sich sanft in den Wellen wiegt, aus dem ich hinausschaue und Verbindung aufnehme mit dem Universum. Dann breitet es sich aus in mir, dieses Gefühl von Einheit, dieses Verstehen um all das Erlebte und noch nicht Erlebte. Wesentliches trennt sich von Unwesentlichem, der Solarplexus vibriert, und das Blut perlt wie Champagner durch die Adern. Alle Fasern meines Körpers schwingen in kosmischen Wellen. Ich atme den Rhythmus der Natur – manche nennen das Gotteserfahrung –, spüre den großen Puls und eine Kraft, die mir eine tiefe, unerschütterliche Freude verleiht. Wind und Wellen sind unmittelbarer und sichtbarer Ausdruck all dieser Zusammenhänge, in denen ich in meinem Ei schwimme, wahrnehme, denke, handle, lebe.

Marettimo ist die letzte Insel ganz im Westen Siziliens. Als stille Bastion liegt dieser kahle Berg im Meer, kein Auto, kein Tourismus. Im engen Fischereihafen bin ich die einzige Yacht. Der Hafenmeister prüft lange und mißtrauisch meine Papiere, ist wortkarg, fast abweisend. In der Hafenkneipe jedoch, beim Wein mit den Kumpels, grinst er herüber, taut auf, ist nicht im Dienst, natürlich ganz Sizilianer.

Nun liegt Marettimo als schwarze Silhouette hinter mir, die Bergspitze verbirgt sich in einer Wolkenkrone. Am Horizont blinkt das kräftige Leuchtfeuer von Favignana, an Backbord strahlt ein heller Mond. Am Steuerbordhorizont erglüht zaghaft die Morgenröte unter einem dunklen Wolkenband. Eigentlich wollte ich noch auf Marettimo bleiben, aber in der Nacht um fünf Uhr wachte ich auf. Ich spürte den richtigen Wind. Anscheinend bin ich schon so sensibilisiert, daß ich bereits im Schlaf den Wind fühle. Für den großen Sprung nach Sardinien, es sind 162 Meilen bis Arbatax, brauche ich einen guten Wind, denn im Mittelmeer sollte man nicht bei Fahrt einschlafen – den Luxus kann man sich bei Atlantiküberquerungen leisten. Also muß diese Strecke möglichst schnell geschafft werden. Ich war bereit, fühlte eine kräftige Brise aus Südost, kletterte fit und gespannt an Deck und schlich mich aus dem unbeleuchteten Hafen.

Jetzt ist die Sonne aufgegangen, eine tosende, türkisblaue See mit weißen Wellenkämmen schiebt uns nach Nordwest, SAKURA braust und schäumt mit sechs Knoten im Wettlauf mit den heranrollenden Wasserbergen, die uns spielerisch anheben, mit einem leichten Kick in die Beckengegend unter uns durchrollen, wobei ich einen kurzen Moment eine herrliche Aussicht über eine gleißend helle Bergwelt genießen darf, um uns dann den Rücken zu kehren, um uns absacken zu lassen, in ein tiefes Loch voller schwärzlichem Blau, in dem selbst der Wind nicht mehr die Segel fassen kann.

Ich schalte das Loran ein und stelle fest, daß einer der Sklavensender irgendwo an der Festlandküste ausgefallen ist. Mit der Automatik ist also kein vertrauenswürdiger Ort zu bekommen. Also habe ich eine aufregende Zeit mit manueller Spielerei am Loran, versuche es mal mit Sendern an der afrikanischen Küste, sehr schwache Signale, aber immerhin erscheint auf dem Display ein Ort, der in etwa auf meiner Kurslinie liegt. Auch das ist Navigation: Ortsbestimmung nach Wahrscheinlichkeiten und Wunschvorstellungen. Dabei scheint so schön die Sonne, doch mit einem Sextanten hätte ich bei diesem Seegang auch Probleme mit einer exakten Höhenmessung. GPS wäre ideal, aber dazu reichte das Geld nicht. Egal, ich habe ja auch meine Augen. Wenn ich diesen angestrebten Punkt an der Ostküste nicht treffe, bin ich eben anderswo. Außerdem ist das Mittelmeer begrenzt, nirgendwo kann man in die Unendlichkeit hinausfallen – Gibraltar würde ich schon erkennen. Und zu guter Letzt ist die Erde ja auch noch rund. Wenn die Lebensmittel reichen, ist alles o.k. Jedenfalls rechnet mir das Loran vor, daß ich noch 106 Meilen bis Arbatax habe. Es ist Teezeit.

Der Wind läßt nach, ich mache es mir gemütlich, lese Robinsons »10000 Leagues over the sea« und hoffe, daß mich der Wind nicht ganz verläßt. Um Mitternacht begegne ich endlich einem Schiff. Irgendwann muß sich das Wachbleiben ja lohnen. Ausgerechnet direkt voraus flackern viele Lichter, ich muß sogar ausweichen. Erst dichtbei erkenne ich ein riesiges Kriegsschiff, unbeweglich, aber mit summenden Maschinen. Über dem Schiff kreist ein Hubschrauber. Im Fernglas kann ich wieder niemanden erkennen, diese Schiffe schauen wohl nur aus elektronischen Augen. Auch Kanal 16 schweigt. Sicher haben die schon mit Radaraugen mein Inneres abgesucht und nichts Verdächtiges gefunden. Oder bin ich so unwichtig, daß sie mich nicht bemerkten? Oder hätte ich vielleicht die Flagge dippen sollen? Aber doch nicht nachts! Jetzt landet endlich der Hubschrauber, die Maschinen heulen auf, das graue Monstrum dreht sich, zeigt seinen scharfen Bug und zieht dann mit hoher Geschwindigkeit und brodelndem Kielwasser an mir vorbei in die Nacht hinaus. Ich bin erleichtert, fast noch benommen von dem Schreck. Haben die mich eigentlich gesehen? Diese Frage läßt mich einfach nicht los. Immer ist es der Mensch und sein Werk, das einem angst macht, der Mensch ist der Störenfried, das Monstrum.

Im Morgengrauen nimmt der Wind zu, geht bis 7 aus Südwest. SAKURA jagt raumschots dahin. Faszinierende Geschwindigkeit und herrliches Segeln über riesige Wellen, die jetzt von der Seite kommen und wunderbar verarbeitet werden, da die Segel das Boot stützen. Bald tauchen am Horizont die Berge Sardiniens auf, Regenwolken ziehen heran, es riecht nach feuchtem Wald. Je näher die Klippen der Küste kommen, desto größer und steiler wird die See. Hoffentlich gibt es keine Grundseen vor der Bucht. Am Nachmittag endlich umsegele ich das rote Felsenkap und brause in die ruhige Bucht, die mich allerdings mit einem äußerst steifen Gegenwind empfängt. Will man mich hier nicht hereinlassen nach 37 Stunden? Ich bin so müde! Ich muß reffen, lasse nur noch einen kleinen Segelfetzen stehen, um den Hammerböen zu entgehen, kann mit diesem Tuch kaum noch kreuzen und brauche lange bis zur Hafeneinfahrt. Aber mit Maschine wäre ich auch kaum schneller gewesen bei diesem Winddruck. Im großen Industriehafenbecken finde ich endlich einen Platz an hohen Spundwänden, eingezwängt zwischen Schleppern und Kiesbaggern. Ich klettere nicht die rostige Eisenleiter hoch, sondern hinunter in die Koje. Noch bevor ich die Luke zumachen kann, wirft eine Bö einen Schwall Dreck und Sand ins Innere – schöne Begrüßung, aber das ist mir jetzt auch egal.

Begegnung

Heimkommen

In Arbatax regnet und riecht es wie daheim. Ich telefoniere mit daheim und kriege gleich den ganzen Wust der Probleme ab, unter denen die Daheimgebliebenen so leiden, und sie jammern, und ich könnte heulen, weil ich so glücklich bin, und sie verstehen es nicht, weil sie die Tage verlieren und die Jahre und nun auch noch krank werden.

Ich habe lange geschlafen, frische Brötchen zum Frühstück geholt, fühle mich voller Energie, aber was ich da eben am Telefon gehört habe, war doch ein herber Schlag...ist doch eigentlich völlig irreal, was die da machen, das kann einfach nicht wahr sein. Nur leider gibt es da diese Bindungen. Reny wenigstens soll doch kommen und einige Tage ausspannen, vergessen, zumindest einige Tage erleben, von denen sie mal sagen kann, sie hätte gelebt. Was zählt im Leben? Was hat noch Wert auf dem Totenbett? Es sind die tiefen Erlebnisse und Erkenntnisse des Einsseins von Körper, Geist und Seele im Dialog mit deinem Umfeld, der Materie, aus der du kommst und zu der du gehst, erfüllt von der Zeit, die durch dich hindurchfließt und alles ändert, im Spiel mit den Farben und dem Licht und den Dingen, wie du sie liebst, weil du so bist. Die anderen sind anders, empfinden anders, leben anders. Du als Reisender nimmst an dieser Vielfalt teil, entwickelst Respekt und Toleranz – vielleicht übernimmst du sogar einen Teil des Fremdartigen, weil du lernst, weil du liebengelernt hast. So bist du auch Weltbürger geworden. Schließlich sitzen wir sowieso alle in einem Boot, das immer voller wird.

Und noch einmal, so wie damals in Kekova und an einigen anderen Orten dieser Erde: Du bist nicht wichtig, du bist vorübergehend anwesend und kannst dich darüber freuen, wenn du Gelegenheit dazu hast. In ganz besonders glücklichen Stunden, und wenn mir dabei klar wird, wie viele ich davon eigentlich schon hatte, daß mein Leben doch sehr glücklich verlaufen ist, dann habe ich Angst, ob ich das nicht einmal zurückzahlen muß, ob nicht irgendwann abgerechnet wird – oder hatten die anderen nicht den Mut oder die Gelegenheit, etwas anderes zu tun, mal auszuprobieren, ob es jenseits der eingefahrenen Wege des Lebens »verbotene« Paradiese gibt? Hat sie daran etwa ihre Angst gehindert? Ist die Angst etwa die Barrikade auf dem Weg ins Glück? Oder muß erst Atemnot und Verzweiflung diese Angst verdrängen und Veränderungen herbeiführen?

Ich denke an Georg aus der Schweiz, 71 Jahre alt, ehemals hohe Position in einem Versicherungskonzern. Er bat mich auf sein Boot, um ihm das Loran zu erklären. Es war defekt. Seine gesamte Bordelektronik war vergammelt, das Boot auch, er selbst total heruntergekommen, hager, aber sein Blick verriet Sehnsucht und eine tiefe innere Glut. Das Boot hatte er sich bereits in der Schweiz andrehen lassen, es war völlig seeuntauglich, viel zu leicht, viel zu große Fenster, alles war zu dünn oder zu schwach bemessen.

Er hatte alle Freunde und Verwandte verlassen, keine Adressen, keinen Kontakt mehr. Er verkauft und verschenkt die Seekarten der Reviere, die hinter ihm liegen. Nach einem Sturm trieb er eine Woche mit zerrissenen Segeln und defektem Motor zwischen Italien und Korsika, Wasser und Lebensmittel waren verbraucht, bis ein Kutter ihn in einen Hafen schleppte. Das Ziel dieses alten Herrn Direktor? Afrika, sagt er, nur nach Afrika und nie mehr zurück. Dort irgendwo wolle er sterben – oder vielleicht schon auf dem Weg dorthin?

Ich sitze bei Sonnenaufgang auf der Hafenmole von Olbia, sehe am Horizont die Fähre – ob Reny es geschafft hat und an Bord ist? Schaut sie herüber? Schlägt ihr Herz jetzt so wie meines? Die mehrstöckige Stahlwand der Fähre ist nun über mir. Hunderte von Menschen winken, wo ist sie? Schließlich kommt sie über die Gangway, ist völlig fertig, hat kaum geschlafen, schimpft, daß sie solch einen Stress nie mehr mitmacht, das sei das letzte Mal, sie habe ohnehin schon genug Probleme, jetzt brauche sie erst mal einen starken Kaffee, um wach zu werden, ach ja, Italien, ja, eines Tages werde sie nach Italien ziehen, in die Sonne, sie brauche die Sonne als Lebenselixier.

Die Tage mit Reny werden dann doch noch schön, sie läßt sich fallen, genießt die Perlen am Weg: Cala Volpe, Porto Cervo, La Maddalena, Bonifacio, Bastia. Der Zauber dieser Orte und das unbeschwerte Treibenlassen unter dieser Sonne und Wärme bauen Spannungen zwischen uns ab, wir finden unsere Liebe zueinander wieder. Um so härter ist dann der Abschied in Bastia. Der Sturm, der ihre Fähre nach Genua gewaltig rollen ließ, paßt dazu und dauert noch Tage. Tische und Mülltonnen kippen um, Yachten reißen sich im Hafen los und flüchten panisch auf das nächtliche Meer, auf dem Windhosen kreiseln, oder krachen gegen die alte Pier. SAKURA liegt diesmal fest an einer dicken Mooringkette im kochenden Hafenbecken, während ringsum die morsche Altstadt Federn läßt – ein faszinierendes Schauspiel aus einer sicheren Position.

Bald fahre ich weiter. Vieles wäre noch zu erzählen, von Freundschaften, die da und dort ihren Anfang nahmen, von San Remo, Kap Ferrat, Porquerolles, Cassis, Martigues. All diese Namen bergen so viele mir wertvolle Erinnerungen.

SAKURA verläßt im folgenden Frühjahr das Mittelmeer, um mit mir das Leben eines Binnenschiffers zu teilen. Nun läuft wochenlang der Diesel, der Mast ist gelegt, die Flügel sind gestutzt, Tonnen markieren den geschlängelten Weg, und stundenlang stehe ich am Ruder. Aber jetzt begleiten mich Freunde und Verwandte, so daß man sich auch mal abwechseln kann. Mit der Freiheit ist es vorbei. Freiheit, mit der es so eine Sache ist: Gerade dann, wenn du hier wieder anders denken, glauben und handeln mußt, dort jedoch so und so, und Menschen dafür sterben wollen, und du gehörst eben mal dazu oder auch nicht – dann spürst du Freiheit, weißt, wann du sie hast und wann nicht und was sie wert ist. Im Hafen oder im Fluß bist du nicht frei, aber geborgen.

St. Jean de Losne ist das Zentrum der Binnenschiffer Europas, hier liegen auch die Penichen, die aufgegeben worden sind und nun als ausbaufähige Hausboote verkauft werden. Viele treffen sich hier, vieles endet hier. Es riecht nach

Abschied. Das Land greift zu von allen Seiten. Es blüht, duftet und wuchert, Kühe lagern am Ufer im Gras und kauen, wissen nichts vom Meer. Villen erzählen vom üppigen Landleben. Beinahe hätten wir sie verpaßt, die erste von 150 Schleusen des Rhein-Rhone-Kanals. Es wird noch enger, noch idyllischer. Wir tuckern unter Baumalleen, zerteilen Wasserlinsenteppiche, die sich hinter uns wieder schließen. Ein kurzer Schreck, und Entenfamilien, Reiher, Bisamratten können weitermachen in diesem Meer von Grün.

Schließlich, nach der letzten Schleusentreppe mit Blick auf das Rheintal, liegen wir mitten in Mulhouse am Steg gegenüber vom Bahnhof. Die Uhr ist abgelaufen, die Reise zu Ende. Vor uns öffnet sich ein dunkler Kanaltunnel, der Schoß der Erde. Ich bringe meine Mutter zur Bahn, der neue Besitzer von SAKURA setzt seinen Fuß an Deck – mit ihm kommt ein Hauch aus dem Norden, Hamburg.

Als ich dann das Bündel Papiergeld in den Händen halte und einen letzten Blick auf mein Boot werfe, dort unten im Hafen, denke ich an Judas und an den Verrat an meinem eigenen Leben.

Nach fünf Jahren steige ich wieder die ausgetretenen Stufen hinauf zu meinem alten Zeichensaal meiner Schule, rieche wieder dieses Putzmittel, bin wieder umringt von den gleichen Schülern und Kollegen. Die Schublade klemmt immer noch. Hatte ich wirklich so viele Versicherungen abgeschlossen? Warum soll ich einen neuen Sessel kaufen? Am Abend sitze ich am Kamin zu Hause, trinke einen Wein und schaue auf die Jahresringe, die soeben verbrennen. An meinen Füßen liegt eingerollt meine alte graue Katze »Rolli«, die in all den Jahren Haus und Garten gehütet hat. Ob sie weiß, wie lange ich eigentlich weg war? Ein Buch in meinen Händen erzählt nun von meinen Träumen, von Vasco da Gama, Kap Bojador, Schiffstragödien und vom Ruf des Meeres.

Columbus is dead…